宪法思维与法治素养

李 勇 胡业勋 著

XIANFA SIWEI YU FAZHI SUYANG

人民出版社

序

李 勇

朋友讲过一个故事：一个宪法老师、一个刑法老师、一个婚姻法老师在路上走，看见一男一女大打出手。婚姻法老师说两口子吵架，刑法老师说可能是刑事案件，唯有宪法老师没吱声。这个故事被朋友用来佐证宪法没用。

宪法似乎与房子、车子、票子都没有直接的关系，宪法到底有啥用？宪法是学者们讨论的高大上的学问，和我们的生活又有什么关系？国家宪法日，官员们要对着宪法宣誓，宪法的魅力到底在哪？

我们应利用好法治宣传阵地，普及宪法与法律知识，讲好法治故事，讲明法理，让法治思维入脑入心。宪法本是"常识常理常情"的制度化，我与第二作者胡业勋一直酝酿写一本大家都能一看就懂、生活能用的宪法；同时这两年做中央电视台国家宪法日的特别节目也有一点心得，希望结合最新宪法修改写这样一本书。

宪法不是高高在上、看不见摸不着的学问，而是一门很实在的科学，是在对人性的细致观察和历史教训总结的基础上所设计和发明出来的。

宪法首先是对人的本性的认知，不像以往走向极端的程朱理学那样"存天理灭人欲"，而是承认人是有欲望的动物，通过制度与规则的形式把人对世界的好奇激发出来，把对他人奴役的冲动压制下去，形成能动的社会秩序。

宪法之治是道德与法治的统一，并不反对道德的教化，但反对依赖于道德的说教来治理国家。在人类历史上我们更多看到的是，让老百姓有道德，而皇帝或官员们却通常不那么做。宪法之治一方面通过制度的形式使那些即便没有道德的人也不能做出"过火"的事情来，另一方面以硬性或柔性的形式鼓励有道德的行为，以制度惩恶扬善，使更多的人有道德。

本书打破了过去宪法学教材概念、特征、原则、内容等体系，更多地准备用事实说话，用平实的话语、细致的观察，使读者能够真切感受到宪法这种人类的伟大发明到底发挥了和将要发挥什么样的重要作用。本书把人类宪法特别是中国1982年宪法及其修改的轮廓勾勒出来，结合我们每个人自身的经验，体会宪法变迁与中国社会迅速发展的密切关系，进一步推动宪法精神的普及和宪法内容的落实。

有一部宪法，这只是法治国家或者说人人幸福的国家的头一步，好的宪法得到实施是第二步。逐渐的，人们形成宪法思维，不再普遍地"恨人有、笑人无""总琢磨着自己享有与众不同的特权""办事必须找关系"……这才是宪法之治的目标。

目　录
CONTENTS

第 一 章

什么是宪法

- 宪法是旧的，因为承载了人类有史以来的梦想与希望；宪法又是新的，因为希冀不断推动社会进步，让人们生活得更加美满幸福。

　　中外古今都有宪法（constitution）这个词，更多的表示为一种法律或者政体等，都与今天我们谈到的宪法概念有很大的出入。宪法这个词过去是什么很重要，但现在应该是什么更为重要。人类社会总是在不断进步中，宪法就如同计算机、手机、网络一样，是人类的一大发明。自从有了这个发明，人类的人身安全和财产安全被大幅度的提升，人类不再因权位和金钱等把人划分为三六九等，每个人的尊严和权利都得到或应该得到宪法的保障。大部分人的积极性被史无前例地激发出来，人类发展进入快车道。

　　宪法的含义主要体现在三个方面：第一，宪法确立了国家政权的合法性，是国家与公民关系的总契约；第二，宪法内容涉及公民最重要的权利义务以及国家政治制度的基本设计，是治国安邦的总章程；第三，宪法体现了人类的最高理性，具有最高的法律效力，是国家的根本法。

一、宪法是国家与公民关系的总契约

历史上有过很多维护统治、证明自身权力合法性的办法。但事实证明：

维护统治，

靠"神"靠不住；

靠"人"靠不住；

靠"武力"也靠不住。

到底靠什么？

我们知道，从古至今，任何一个政权都需要证明自己的合法性，为什么？它要解决的是凭什么老百姓要接受它的管理？在古代社会，中外概莫能外，证明"合法性"的问题都交给了神！中国的皇帝又称为"天子"，太监念圣旨的时候都要先说"奉天承运皇帝诏曰"。他为什么不直接说皇帝说什么呢？因为要告诉人们，皇帝是上天派来的，这是古代政权合法性的来源。要想拥有最高权力，都得找上天或好的血统当"老爸"。一个"草根"想要当上皇帝，都必须跟"天"找到某种联系，找个异象。比如刘邦为了证明自己是真命天子，他的统治具有合法性，就说自己是母亲和龙生的孩子。《汉书·高帝纪》记载：其母有一次在水塘堤坝上闭目小憩，梦与天神不期而遇。逢上雷电交加，天色阴暗，其父太公到塘坝接应其母，只见一条蛟龙盘于母身，随之就怀孕了，生下了汉高祖。这可能吗？当然不可能，这只是在那个社会状态下，说服百姓信服自己统治权的一种手段。再比如朱元璋，说他出生时，红光满天，街坊邻居都以为老朱家着火了，结果朱元璋生下来了，由此证明他注定要当皇帝。这些人咋不说，谁的武力强谁就该坐天下呢？他们可没那么傻，那不是鼓励别人攒武力、拼实力，推翻他的统治吗？通过这些方式，古代的帝王完成了他们从人到神的转变。他们想表明的是老百姓都是普通人，而自己是神的后代，普通人哪能比得过神啊！这样一来，统治就相对稳定了。国外也一样。最初也是通过神赋予权力这种方式来处理统治合法性的问题。他们叫"君权神授"。就是还得有个神，神把权力授给世俗的国王，也正因为如此，古代欧洲宗教势力和世俗的国王为争夺权力经常起冲突。

但是依靠这种办法建立起合法性总归不太靠谱。当人民利益普遍受损的时候，通常被描述成"横征暴敛，民不聊生"，这就是前奏，然后历史上总有聪明人或者野心家说自己也是上天的娃，来替代现在的统治者，以神反神。"苍天已死，黄天当立"，这是东汉末期黄巾起义军所使用的口号。意思是说，你那个天太坏了，已经死了或者该死了，该轮到我了，黄天当立了。元末有人在河道里埋设独眼石人，石人背刻"莫道石人一只眼，此物一出天下反"，被挖出来后一部分老百姓就会跟着"造反"。连梁山好汉那帮"粗人"都鼓捣一块天降陨石，上面刻着"蝌蚪文"，谁都不认识，然后找个老道解释成"替天行道，忠义两全"，一百零八将的座次上天都排好了，免得谁前谁后有争议，给自己改朝换代或者管理提供证据。可见，即使是古代，用上天授权这套办法也不保证时时刻刻都能忽悠得了百姓，更不能保证社会不动乱，政权不被颠覆。更何况在科学发达、思想昌明的今天，能被这种荒谬的言论忽悠住的更是少之又少了。

靠武力打天下但不能靠武力坐天下；靠神也不会真的得到神的庇佑。历史上这些办法都行不通，只有权力掌握在人民的手中，人民成为国家的主人，来管理属于自己的国家，这才最靠谱。

世界上的宪法前几条中通常有一条规定，"国家的一切权力属于人民"。政府与公民之间缔结了一个契约，政府来代表人民管理国家，保证人民的利益。宪法正是这个总契约。在这个契约里，国家有义务保护公民的权利，实现社会公平和人民幸福，公民有义务接受治理，遵守规则。国家为人民服务，人民接受治理。公民不可能推翻一个自己掌权又保护自己利益的政权。

宪法是国家与公民关系的总契约，这也是现代国家合法性的来源，是一个国家长治久安的基础。对于人类为什么制定宪法，日本知名宪法学者杉原泰雄说得好，"宪法是对充满苦难的生活经验的批判和总结……宪法的历史充满了人类在各个历史阶段中为摆脱生活上的痛苦而显示出来的聪明才智。我们学习宪法就是为了学到这些聪明才智，为了避免失败而未雨绸缪"。

解决了政权的合法性问题，接着就是国家的治理问题。

二、宪法是治国安邦的总章程

为什么宪法能治国安邦？著名哲学家波普说："我们需要的与其

说是好的人，还不如说是好的制度，我们渴望得到好的统治者，历史的经验向我们表明，我们不可能总找到这样的人，正因为这样，设计一种即使出现坏的统治者，也不会给社会和百姓造成太大损害的制度是必要的。"而宪法正是通过平衡权力，防止国家权力滥用，通过科学的制度使人们不会受到国家、集体和他人的侵害。公民的权利不会受到来自国家、集体、他人的侵犯，人们就能够活得简单幸福，一个国家就会长治久安，一个社会就会生机勃勃，充满活力和创造力。

没有宪法之前什么样？社会基本上就是"狭路相逢勇者胜"，赢者通吃，走别人的路让别人无路可走。换个皇帝，换组人马，继续重复昨天的故事。社会不公平是常态，得利的总是不考虑他人利益和不按照规则办事情的人。在这样的社会里，好人就会越来越少，坏人就会越来越多。社会变得没有公平正义，没有规则，没有底线，每一个人都是失意者，主要是普通老百姓，也可能是玩弄权术的人。社会中大多数人活得都很不幸，友谊的小船说翻就翻，互相伤害是常态。这时人们便会寻找信仰，希望此生的逆来顺受，能换取来生的幸福生活。人们忍受着压迫，疲于奔命，哪还有什么创造性呢？没有竞争，这样的状态比较稳定也就罢了，一有竞争，劣势就会显现出来。

以当今法律所保护的平等权为例，人类历史上曾经一度建立了不平等的社会制度，为了维护这套制度体系，特别强调血统。"龙生龙，凤生凤，老鼠的儿子会打洞。"特权者妄图把自己永远固定在"龙"和"凤"的位置上。特权社会是一个扭曲的社会，特权者享受、炫耀、维护特权，被管制者想方设法挤进特权阶层，渴望享受特权带来的种种好处，而且为了得到这种特权不惜放弃人的尊严，形成所谓的

"奴性"。历史上媚上者必压下，人的尊严总要找到一个平衡，压下者再压下，不满和愤怒犹如流感层层传递，社会底层的老百姓无处发泄，就会找机会把不满发泄给社会，就形成了特权社会的互相伤害。更为可怕的是，当人们不再看重人的尊严时，今天他可以对你谄媚，明天第一个对你下手的人也可能就是他。从某种意义上讲，过分"爱面子"正是尊严得不到制度保障后的一种过度反应。

特权社会是身份社会，强调身份而非公平；特权社会是熟人社会，要想办成事必须要积累人脉，便于求人和交换资源；特权社会是缺乏信任的社会，人心隔肚皮，做事两不知；特权社会是一个创造力低下的社会，被压迫者显然很难成为有创新能力的人；特权社会注定是个互害型社会，为了争取特权人们相互倾轧，久而久之，社会道德滑坡，社会秩序失范，妄图把他人踩在脚底下，就很可能被他人踩在脚底下；特权社会也是非稳定社会，马克思主义者说过，哪里有压迫，哪里就有反抗。历史上从来没有独霸资源而不被推翻的阶级和团体。特权对于它的拥有者来讲，使用起来好，但长期而言是祸害。我们党来自人民、植根人民、服务人民，坚决反对特权思想和特权现象。党的十九大报告明确提出："各级党组织和全体党员要带头尊法学法守法用法，任何组织和个人都不得有超越宪法法律的特权，绝不允许以言代法、以权压法、逐利违法、徇私枉法。"这才是宪法思维。

纵观历史，在不平等的有压迫的社会中，下层社会的人是没有尊严可言的。不平等往往是社会动荡的根源。随着生产力的发展，生产工具的进步，出现了一定的富余产品。但是在奴隶制生产关系下，奴隶主既无偿占有所有劳动成果，又压制了社会进步，因此，奴隶社会必然解体。人类历史上存在剥削的社会大多如此，近现代南非种族等级制也是一个很好的样本。一些人读托克维尔写的《旧制度与大革命》，得出结论，即改革会引发革命。其实，不是改革触发了革命，而是改革不彻底很容易爆发革命。该书作者描绘了人们在改革后开始有了为自己利益而奋斗的意识，另外国家之手仍然无处不在，仍然不懂得"简政放权"，这便形成一对无法调和的矛盾。托克维尔是个了不起的"预言家"，他在《论美国的民主》中曾预言美俄会成为世界大国，美国南北必有一战，美国人会变好，民主国家对内软、对外硬，等等。托克维尔的观察说明只有建立自由与权利获得充分保护的秩序，才更有利于健全人性，激发公民的主体意识和参与意识，生发对国家、社会、他人的责任感、认同感，使社会长治久安。托克维尔是一个真正的社会科学家，他的观察也被后世所证实。他在考察美国民主制并比对当时法国的国家政治现实后，表达过对法国权利与自由欠缺足够的关怀而造成社会动荡和社会缺乏创新性的担忧。他指出，法国式的治理方式长于保守而短于创新，当社会发生巨大动荡或加速社会前进步伐时，它便失去控制的力量。只要它的各项措施需要公民的协助，这架庞大机器的弱点马上就会暴露出来，立即处于无能为力的状态。其后法国革命也验证了托克维尔的考察。

只有人格有尊严的社会才是有秩序的社会。试想，一个基层工作人员，每天负责扫地、复印和接待，如果这个人在人格上与上级不平等，那么便可能不安于现状，想不断往上爬，爬到有尊严的位置上。而事实是在哪个位置上的人都不容易满足，因为总有自己感受不到尊严的时候，这样的社会是不可能人尽其位、各尽其能的。而且每个人肯定都很急躁，都想着自己一定不能蜗居在这个位置上。这样的社会，人人自危，相互芥蒂，冷漠焦虑，忙于升迁，成为野心家的摇篮。而现代文明国家会让你无论在哪个位置上都能感受到尊严，没有必要做超出自己能力范围的事情。有人或许会说，人人都想往上爬挺好的啊！毕竟不想当将军的士兵不是好士兵。但是，如果一种制度使人人都想当将军，那也一定不是好制度。

平等是人的本性要求，在现代中国这已经开始在人们头脑中扎根。网上有这样一个事件，出席"2015年广西玉林市关心下一代工作会议"的人员到容州一中参观校园文化主题宣传和"阳光体育大课间活动"。当时下起了雨，现场撑起近10把雨伞，其中有一位领导模样的人，其背后有人为其打伞，前面还有人指着做操的学生介绍情况。在"关心下一代"的主题活动中，领导有人为其打伞，学生在雨中做操，遭到网友一片骂声。网友批评这一做法是"官僚主义作秀"，与现代价值理念背道而驰。古代社会官员们出门都是八抬大轿抬着，他干啥都没人敢说三道四。在现代，学生们在雨里做操，而几个官员在打着伞看学生做操，结果引来骂声一片。这说明什么？历史上由于信息的不公开、不透明，共享程度低，因此一般情况下，老百姓通常只会在自己所处阶层中进行比较，"邻家"过得怎么样对他们很重要，不容易对于明显高于他们的阶层因不平等而表现出不满。但是近代改革后就不同了，权利意识开始深入人心，社会公开程度提高，各种媒体将不同阶层的情况展现给人们，不再是"侯门深似海"。虽然当前人们获得的权利较以前有了显著的提高，但人们的权利意识更加强化、更加敏感。人的平等意识已经觉醒了，不再像过去一样了，面对人的意识的觉醒，我们只有坚持法治的思维方式，以改革的态度，积极地适应这种思想趋势的变化。而宪法正是改变这一不平等现象的良方，同时也是建立一个平等社会的基础。

为什么有了宪法后创造性明显增强了呢？回想一下，人类社会在什么时候发展得最快？我们不用再坐着马车花费数周时间进京了，我们坐在家里就可遍览天下之事了，人体的器官可以通过 3D 技术打印出来了，连看影片都可以用虚拟技术了。这三百多年来，我们看到一个又一个新奇的技术被发明创造，而过去人类至少有五千年文明史都没有这么多新发明，到底人类这三四百年发生了什么变化？有什么内在的规律？为什么人类的创造性突然就增强了？

宪法诞生了！宪法通过制度和规则保障了人身安全，使人们不会随意被奴役或者被控制。宪法通过制度和规则的形式明确了产权制度，人们不再担心依靠勤奋努力以及聪明才智所获得的财产被权力随时掠夺走。宪法通过制度和规则的形式肯定了人之为人的自由与权利，使人的天性得到解放。不再像没有宪法之前，大部分人处于被管理甚至奴役的状态，不能充分进行发明创造。

民主是社会主义核心价值观，也是"富强民主文明和谐美丽"的社会主义现代化强国的奋斗目标的内在要求。民主与社会发展存在内在的统一性。民主制度更具有创造性，这一点早在古希腊就得到了验证。在民主制度下，更易于形成多元社会，可以有自己的追求和自我满足感。正如德谟克利特所说："我宁愿找到一个因果的说明，而不愿获得波斯的王位。""在民主制度下贫穷生活也比在专制制度下享受幸福好，正像自由比受奴役好一样。"在这种社会环境下，政治道德方面也自然趋向于以正义、智慧、善良、勇敢为目标。知识上则百花齐放，许多对自然界和人类认知的基础科学正是从这里开始。如米利都学派诸人提出水为世界万物之原质，或气是万物的基质，或万物都出于一种简单的元质；赫拉克利特相信火是万物的原质；毕达哥拉斯认为万物都由数字组成，从而发现了一些数学和几何学定理；德谟克利特提出万物都是由原子构成的，原子的种类是无限的，是永远运动着的；等等。当然，如果用中古思维来看待这些思考，显然是无用的，而正是这些看似无用的思考奠定了现代社会逻辑学、天文学、物理学、生物学、心理学、医学等各门学科的基础。有人将中国近代的落后归结为数学不行，实际上，从根本而言，只有在个性和权利得到张扬的人民当家作主的制度下，才会有更多的人研究除了权力之争以外的自然科学和社会规律。

生产力的发展要求尊重人之为人的权利，欧美国家这时开始认真思考人性到底如何，并不断改进制度，制定并完善宪法，使人们可以基于自己的兴趣爱好和特长来做事情。当官不再是人们唯一的价值取向，在各个行业有天赋的人就会脱颖而出，社会的创造性便会增强。我们知道，大部分人都是有潜能的，但大部分奴隶却没有。人不再是工具之后，他们的聪明才智才会被激发出来，生产力也有了跨越式的大发展。国家有了宪法之后，人们不再需要挖空心思登到权力的巅峰，因为他可以在自己的领域走上高峰。中国有13亿多人口，把13亿多人的创造性都激发出来，一定会迎来新一轮经济发展的高潮。宪法是社会稳定的基石，是社会公平的保证，是社会进步的源泉，所以我们说宪法是治国安邦的总章程。

三、宪法是国家的根本法

宪法凝结了人类的经验、教训和理性，是对导向人类文明的自然规则的确认，规定了国家的根本制度、根本任务和国家生活中最重要的原则，因此被称为根本大法。较普通法律而言，宪法的效力更高，制定和修改程序更严格。它不仅要考虑制定宪法的这一代人的利益，还要考虑后代人的利益。比如，对于当代人来讲，把全部资源用尽，无视环境恶化，那么所有的利益都被这代人占有，问题留给后代人，这对于后代人是不公平的。因此，许多国家的宪法都规定了自然资源和环境保护的权利和义务。宪法还要考虑，避免多数人对少数人的暴政，不能只考虑多数人的利益而忽视少数人的利益，谁都可能成为少数人，不能像杀了苏格拉底那样，多数人想杀谁就杀谁。

党的十九大报告提出，加强宪法实施和监督，维护宪法权威。宪法凝聚了人类的理性，它确认了人类的生命权、财产权、自由权等，它既是对民主的确认，也设计了民主可能造成暴政的防范机制，如民主不是简单的直接民主，而是代议制民主，相对独立的司法机关，特别是人权保护的原则等。它不是为了一时或一群人的利益，而是为了一个国家和公民的永久的共同的利益而制定的，因此宪法具有根本法的地位，具有最高的法律效力，违反宪法的法律和行为都归于无效。为了确保这一规则的执行与落实，各国都设计了符合自己国情的违宪审查机构或者宪法监督机构。

我们说宪法是根本法，还在于它有更为严格的制定和修改程序，不能说改就改。在现代，宪法的制定和修改都会很困难。我国宪法规定拥有修宪提案权的主体只有两个：一是全国人大常委会，二是"五分之一以上"的全国人大代表。除此之外，任何政党、社会团体、国家机关都不得提出修宪动议，进行宪法修改。修宪提案的通过还必须经由全国人大全体代表的三分之二以上多数同意才行。

宪法不是不可修改，宪法从来不是社会进步的阻力，恰恰相反，它一直都是社会进步的动力或者说一直都是对社会的进步予以认可的。

有人或许会问，宪法是总契约，宪法是总章程，宪法是根本法，宪法到底是什么？

在宪法的叙事里，是不相信皇帝的，虽然历史上也存在英明的皇帝，但一辈子不犯错误的皇帝却一个没有。优秀的宪法设计往往有赖于有公民意识的社会土壤以及胸怀天下的有责任感的伟大人物振臂高呼，良好的宪法实施则离不开有效的机构和符合宪法意蕴的思维方式。宪法的叙事里也需要英雄。真正伟大的人物能够从制度上着手，把权力永久地关进制度的笼子里，不把希望寄托在未来统治者的英明上，无论是谁也不能干得太离谱。

因此，宪法就是为了确保国家治理科学化、人权得到保障而设计的一整套科学的顶层制度设计。一部科学的宪法设计出一套有效的制度来消解不满，促进社会公平、社会创新和长治久安。如果说蒸汽机、电力、计算机、互联网等是人类伟大的发明，那么宪法是这些发明得以创造的原动力，是人类对社会科学规律的伟大发现，是基于对人性的理解并引导人性向善，防范人性之恶的杰出创造，是人类最伟大的发明之一。

宪法是人类经验教训的总结，是顺应历史潮流，符合人类社会发展规律的伟大发现，是人类用制度来解决权力滥用问题、激发人的天性、促成社会秩序的伟大发明。那么，这样重要的宪法是如何在人类社会发展中逐步诞生的呢？

第二章

宪法的缘起与变迁

- 宪法是历史教训的总结，是生活常识的提炼，是市场经济的基础，是公民幸福的基石，是国家秩序的保障。

一、宪法的缘起

贪婪昏庸的皇帝不是中国特有的。1199 年，约翰继位为英国国王，如果说他有什么特点的话，那就是把人性中贪婪的一面释放得淋漓尽致。以前打仗时才会征兵役之类的税赋，到了约翰那里，不管有无战事，都征收免役税，并提高了税额。他为了发明出收更多钱的办法可谓绞尽脑汁，比如要求每 9 名骑士要负担第 10 名士兵的装备；给寡妇做红娘，不要认为这是好意，嫁了钱没收，不嫁交罚款。有个大臣常常谄媚，结果有一天言语不当，触怒了约翰，就成了叛逆者，土地被没收，大臣自己跑了，约翰就把他的妻儿关起来，活活饿死。约翰的残暴、贪婪，人尽皆知，因为他的手不仅伸向有钱人，也伸向教会、城市市民。除了农奴，几乎所有人都对国王不满，于是利益受到严重损失的贵族站到了皇帝的对立面，要求限制绝对的王权，反对约翰王权的战争打响了。

这个故事不像历史上那些故事一样，要么皇帝被推翻，建立一个新朝代；要么起义被镇压，一切如故。这个故事中虽然军事上贵族集团取得了胜利，但英王仍然拥有强大的经济资源和广袤的领地，哪一方都没有占据绝对的优势能够吃掉对方，最后双方选择了妥协。

贵族们把一份事先拟好的羊皮纸交给了约翰，这就是人类历史上著名的大宪章，它规定了任何赋税须经"公意许可"，后来延伸为"无代表不纳税"，还规定了一些如立法这样的大事也应与全国人民普遍协商，议会制度的雏形因此奠立。大宪章规定，人民的财产权益要受到保护；未经宣判，不得逮捕、监禁人民；国王不得剥夺和迟延人民接受公正的裁判。虽然英国的这部大宪章没有停止战争，其中所标榜的权利、自由、平等也都具有当时那个时代的局限，但是给了人们一个伟大的启示：即便是王，也必须在法律之下，自由平等的思潮自始在人们的心中萌发。今天宪法的源头便可以追溯到英国大宪章。

大宪章在当时没发挥多大作用，文件签署后不久教皇便应约翰请求宣告大宪章作废，内战又起。有人或许会说，在当时大宪章没有真的实施，有什么用？虽然这个具有宪法雏形的文件没有真正实施，但是它的好处，后世的人都记得，人类天然有一种向着更好的方向而努力的能力，在饱受压迫时大宪章中那些进步的思想又被重新提出来。17世纪，英王横征暴敛，声称国王是上帝派到人间的最高权威，议会不同意他随意收税，他直接就把议会解散了。由于辛苦赚来的钱说抢走就被抢走了，人们心中充满愤恨，于是赋予大宪章新的意义，用以反对封建专制王权，当年英王约翰都答应过的事，当下的英王更要做到。于是人们重提大宪章，再加上努力争取制定的1628年《权利请愿书》、1679年《人身保护法》、1689年《权利法案》、1701年《王位继承法》等，共同构成了保护公民权利、限制王权的英国宪法。这不是一部完整的宪法典，是人类历史上较早的"不成文宪法"，英国也因此被称为人类宪法的母国。更多的人参与到国家的治理中，更多的人的积极性和主动性被激发出来，英国生产力迅速发展，继而取代当时的世界霸主荷兰，号称"日不落帝国"。

二、宪法的变迁

　　美国人摆脱了英国的殖民统治，有机会构建一个新的国家。这个国家怎么设计，争议很大。为了让人们接受有权力就容易滥用、权力应当制衡的思想，美国立宪者汉米尔顿、杰伊、麦迪逊发表了一系列文章，进行制度设计的说理工作，后编撰成著名的《联邦党人文集》。今天我们看《联邦党人文集》，就是看当时美国人如何思考、设计他们的宪法。《联邦党人文集》开篇是汉米尔顿为《独立日报》撰写的文章，充分体现了他的思考和对社会的责任感。他说，"人类社会是否真正能够通过深思熟虑和自由选择来建立一个良好的政府，还是他们永远注定要靠机遇和强力来决定他们的政治组织。……假使我们选错自己将要扮演的角色，那就应当认为是全人类的不幸"。这段话至少表达了以下含义：我们人类难道真的只能依靠机遇、暴力的方式来完成社会转型吗？难道我们真的没有能力设计出好的制度使我们过得更好吗？当然不是。第一，我们人类有这个能力设计出更好的制度，而事实也证明了这一点。第二，既然我们有机会重新考虑国家该如何建立，我们应当有这个社会责任感，没有把握住机会将是全人类的不幸。

在这种责任感的驱使下，他们认真考察了历史，思考了人性，承认只要是人就有自利的一面，在此基础上，他们决定用平衡的制度防范任何人可能犯错误的治理模式，记载这套治理模式的就是人类历史上第一部成文宪法。麦迪逊的那句名言或许今天我们都会深有同感："如果人人都是天使，就不需要任何政府了。如果由天使来统治人，也就不需要对政府施加任何外在或内在的控制了。"他们的观点最后得到了大多数人的认可，美国成为世界上第一个拥有成文宪法的国家，美国也随之崛起。但条文仅仅是前提，宪法只能是一些概括性的语言，也不是无可挑剔，甚至在实施中也可能出现了明显与人类价值观冲突的判例。

但如果我们把历史的镜头拉得稍微长一点，就会发现，人类不断向好的能力以及压迫者诉求自身利益的努力，最终会发挥关键性的作用。正是这些愿望和诉求使宪法条文不断地被修正，不断地被改革，不断地被赋予符合人类价值的解释和实践。各国宪法都经历了一个漫长的变迁过程，早期所谓的英国宪法权利并非所有人共享，能够享受这些权利的仍然是社会上的主要特权阶层，议会中议席严重失衡，议员的民意代表性很不充分，有着大量工人的新兴工业城市议员数量极少。为此，19 世纪 20 年代在人民的呼吁下开始着手改革，1824 年，劳工结社法规被废除，开始容许成立工人组织和罢工。1829年天主教徒取得了选举权及被选举权。1832年在各种压力下，特别是法国"七月革命"的成功，迫使英国通过改革法案，根据人口数量，调整了议会的议席，选民资格也有进一步的放开：在市镇中年付十镑以上房产租税者，在郡乡中年付十镑田土租税的六十年长期田地租用者、年付五十镑田土租税的短期田地租用者及年付两镑地税的自有土地者都可以拥有投票权。选民总数由五十万增加到八十一万三千，更多中上层的中产阶级取得选举权，选民占全国人口百分之三左右。但是议员的出身依然是地主，占人口多数的工人阶级仍没有选举权。为此，英国爆发了"宪章运动"，无产者要求与有产者同样的普选权，主张二十一岁以上男子有普选权，选区大小人数平等，选举由秘密投票决定，取消参选财产限制。

这一运动在整个欧洲都产生了重要的影响，马克思主义的创始人、共产主义运动的先驱——卡尔·马克思正是在这种环境下写下了《共产党宣言》，号召"全世界无产者联合起来"。在各方的努力下，1858年英国废除议员财产限制。19世纪70年代后，进一步扩大了选民资格，相继颁布秘密投票法案、人民代表法案等，但仍有财产限制。直到1918年改革，才允许二十一岁以上全体成年男性及三十岁以上女性普选。1928年才把女性年龄与男性不同的限制打破。1948年改革部分有财产者拥有多数选票的现实，落实"一人一票"的制度。19世纪末20世纪初，英国又先后通过《人民代表法》《议席重新分配法》《取缔选举舞弊及非法行为法》等，实现和规范了普选权，这才基本构建完成了英国的宪法体制。

19 世纪中期，德国虽然受到来自美国的《人权法案》和法国的《人权宣言》的影响，但这时的立宪活动中权利没有被看作是"不可剥夺的"，或者说是源于自然法的，权利只是作为"臣民"的权利，而非人民的权利。1871 年德意志帝国宪法开始列举了一些公民的权利。不过从这部宪法中可以清晰地看到它仍保留了大量君主的权力，在这种君主居支配地位的政体下，所谓的议会立法只是批准政府的法案，在财政上即使议会否决政府的预算，政府也可依旧实施不误。还规定首相对皇帝负责，而不是对议会负责，议会没有实权。这与现代宪法所期冀的权力结构还有很大的不同。马克思评价这时的德国为一个以议会形式粉饰门面，混杂着封建残余，已经受到资产阶级影响，按官僚制度组织起来，并以警察来保卫的军事专制制度的国家。

直到 1919 年魏玛宪法的确立，德国才开始现代意义上的宪法实践。德国魏玛共和国时期（1919 年—1933 年）的宪法，也是德国历史上第一部实现民主制度的宪法。《魏玛宪法》公开宣告君主专政政体在德国的终结，并按照资产阶级法制原则进行建设现代民主政权的初步尝试。该宪法明确了联邦与各邦之间的权限划分，规定了比较多的人民权利。许多规定在今天依旧熠熠生辉，如在各邦内执行直接联邦任务之行政官吏，应以该邦人民充任之。联邦国会之议事，须公开之。唯有议员五十人以上之动议并得三分之二之多数赞成时，可改为秘密会议。联邦国会内设置选举审查所，议员资格之存在或丧失，由该法庭判决之。这部宪法试图对个人的社会权利和政治基本权利提供实质性的保障，但在一个关键问题上却忽略了，就是宪法本是平衡精神之法，即任何权力都应当受到某种形式的监督。《魏玛宪法》过于强调民主权力，加之第一次世界大战失败后民众普遍仇恨的心理和经济扩张的需要，德国逐渐走向民粹主义，为后来希特勒独裁提供了条件和便利。有学者认为："总统内阁制的实行最终导致了共和国历史的终结、专制德国的再生。"虽然这一观点存在很大争议，但毫无疑问的是，希特勒上台后《魏玛宪法》沦为摆设，没能阻止德国走向纳粹道路。第二次世界大战结束后，德国开始反思希特勒上台的原因，德国著名政治学家阿诺利提出，在社会动荡时期，法西斯主义通过整合群众的力量，进而摧毁议会来镇压社会动荡。但是，这并不是一个长期的解决办法。唯有议会形式的政府才是社会稳定的长久之道。在别无选择的情况下，可以通过"改变"议会规则来排除革命暴动的可能性。阿诺利的观点在饱受法西斯统治之苦的德国广为流传，直接影响到德国议会的构建。在阿诺利理论的指引下，德国改造了议会，在制度设计上规定得票率不到5%的政党不能进入联邦议会，最大限度地避免了激进主义思潮。德国宪法法院的设计，使宪法实践成为社会常态。

纵观各国公民参与选举的进程也都经历了一个从皇帝官僚把持政府到议会财产歧视、性别歧视再到全民普选的酝酿发展过程。法国1944年、日本1946年、瑞士1971年、列支敦士登1984年妇女选举权才得到实现。澳大利亚直到1967年宪法修改才把土著人计入到人口普查中，承认他们是第一批居民并禁止种族歧视，但还没有赋予投票权。公众参与选举对进一步认同宪法理念，落实宪法精神起到了至关重要的作用。在此动力和压力下，进一步推动了宪法改革中对于公民的宪法权利的反思和体认。

　　人类社会本来没有宪法，随着生产力的发展，宪法才应运而生。宪法以科学的制度设计把人之为人的基本权利确定下来，人们不再为"当皇帝"而斗争，在各个领域做出成绩都可以赢得尊重，人们的创造性被史无前例地激发出来，反过来又促进了人类社会生产力的巨大飞跃。宪法的产生与发展既是总结人类历史经验教训的必然选择，也是人类为了自身活得更加幸福而不断丰富发展出来的伟大发明。

第三章

中国宪法发展分期

- 近现代中国的宪法寻梦历程在历经跌宕起伏的制度实践和坎坷曲折的试错纠错之后，已然肥沃了中国宪法的生长土壤，深嵌在中国社会的时代变迁中。

人类本来没有宪法，直到英国打算用一系列法律文件限制王权，后来美国有机会重新设计国家制度，以最高法的形式确定了权力分立与制约的原则，宪法始得产生。宪法天然地与专制王权分野，人类的权利保护被不断强化，大多数人的积极性和创造性因之提升，有宪法的国家纷纷崛起，人类进入崭新时代。

中国沿用传统治理方式千年，如果没有发生所谓西方宪法和法治创新，本居于优势地位。清王朝在制度竞争中落在下风。后来学习和超越成为时代的主题。自此，中国开始探索行法治、去特权的宪法之路。

一、不得已而为之的"忽悠"宪法期

专制往往与保守相通，而保守往往与落后相连。清王朝一直做着

"我是全世界老大"的美梦，不管谁来，都摆出天朝上国的架势，无视世界的变化。1793年（乾隆五十八年），英国国王乔治三世派使臣马戛尔尼来华，希望通过谈判建立外交关系，扩大通商。乾隆断然拒绝了马戛尔尼的全部要求，理由据说是因为"红毛外夷"不肯行双膝下跪叩头大礼。这"跪"与"不跪"恰恰是宪法理念的反映，恰恰是经济能否发展的支撑，恰恰是文明与否的标志。马戛尔尼走后留下这样的预言：

"他们恒久不变的体制并不能证明他们的优越"，"中华帝国是一个神权专制的帝国……它翻来覆去只是一座雄伟的废墟"。"任何进步在那里都无法实现"，人们"生活在最为卑鄙的暴政之下，生活在怕挨竹板的恐惧之中"，"他们给妇女裹脚，残杀婴儿"，"他们胆怯，肮脏而且残酷"，所以无可避免地"最终将重新堕落到野蛮和贫困的状态"。

"中华帝国只是一艘破败不堪的旧船，只是幸运地有了几位谨慎的船长，才使它在近150年期间没有沉没。它那巨大的躯壳使周围的邻国见了害怕。假如来了个无能之辈掌舵，那船上的纪律与安全就都完了。"

47年后，第一次鸦片战争爆发。鸦片战争的狂风暴雨，既深深动摇了古老中国的根基，也唤醒了天朝上国的封建迷梦。清王朝不是没有能人，痛定思痛之后，也做了几次宪法改革的努力，这几次努力都跟我们的邻国日本有关。距今一百多年前，清政府和日本在黄海北部海域进行的一场有规模的海战，历史上被称为中日甲午海战，这一仗直接决定了中日两国在亚洲的海上地位。事实上战争之前，当时双方海军实力对比反而是清王朝的北洋海军占优，经过洋务运动装备的北洋海军实力强悍，海军力量也跃居世界第七位。但是这场战争最终清王朝打输了，清王朝政治危机的逐渐加深、军事外交的接连失败，处于"飘风不终朝，骤雨不终日"的风云变幻之际，很多仁人志士开始思考为什么这场战争打输了？在救亡图存的道路上，开始认为是没有坚船利炮，于是开始学习西方的科技，进行了轰轰烈烈的洋务运动，国之"器"坚挺之后仍然失败，此时人们开始反应过来，是中国的政治制度方面出现了问题。而同时期的日本在1889年制定了宪法，这是亚洲制定的第一部成文宪法，经过立宪主义洗礼的日本实现了经济、政治、军事等各方面的腾飞，不仅中日甲午海战打赢了，而且还取得了日俄战争的胜利。正是在这种内外交困的时期，中国萌发了宪法思想的嫩芽，宪法制度被视为一剂救世良方开始登上中国的历史舞台，也由此拉开了宪法中国化的序幕。

最早开始意识到这一点的是以康有为、梁启超、谭嗣同、严复等思想家为代表的改良主义维新派，高举"开议院、定宪法"的旗帜，把西方近代社会政治学说、启蒙主义学者的民主主义思想大量地介绍到中国来，借以论证改变封建专制的政治制度、实现君主立宪的合理性和必要性，为改良主义的宪法运动准备了思想理论上的条件。在全社会热衷于改革的呼声中，维新派发动了1898年的"戊戌变法"运动。这是救亡图存的爱国运动，也是近代中国一次重要的思想解放运动。在这场运动中，维新派在企图不根本改变封建专制制度的前提下，通过建立君主立宪以实现民主政治，结果这场轰轰烈烈的运动最终以失败而告终。

甲午中日战争清政府败得十分难看。八国联军不到两万人，北京清军十五六万人，义和团团民五六十万人。从兵力对比看，敌我力量相差悬殊，结果八国联军在十天内攻陷了北京，慈禧也跑了。这是多么痛的领悟啊！1905年在中国土地上打的那场日俄战争，最终促成清政府下定决心再次进行宪法改革。日俄战争中俄国失败，1905年俄国国内动荡飘摇，沙皇尼古拉二世宣布承认俄国人民享有言论、出版、结社、集会、信仰、人身自由和参政的权利，准备建立君主立宪制，批准设立了俄国第一个议会机构——国家杜马。但其不彻底性并未结束混乱，最终于1917年爆发的"二月革命"和"十月革命"结束了罗曼诺夫王朝的统治并处决了尼古拉二世及其全家。国人，特别是清王朝的统治者受日俄战争的触动，也开始着手立宪。日俄战争的失利以及俄国的反思促使清王朝想要改变政治体制，此后，清政府宣布预备仿行立宪。知识界认为，"日、俄之胜负，立宪、专制之胜负也。今全球完全专制之国谁乎？一专制当众立宪，尚可幸乎？"慈禧也发话，"日本有宪法，于国家甚好"。中国开始了"君主立宪"的道路。

当宣布仿行立宪时，清王朝形势一片大好，人们都希望通过改革而非革命改变社会，但是到了真改革的时候问题就来了，1908年8月27日出台的《钦定宪法大纲》根本看不出清王朝改革的诚意，效仿的日本明治宪法，本来是限制皇帝权力的，结果搞成用法律的形式把皇帝的极权给确定下来了，虽有适度分权，但皇帝丝毫没打算把权力真正让渡出来，基本上等于一切照旧，只需老百姓好好履行法律义务。摄政王载沣的思考最具有代表性，他认为，大清是我们辛苦打下来的，怎可拱手让与他人？他借改革之机把汉人的权力都收归了清政府，把袁世凯等实力派也踢了出去，最后13名国务大臣之中，汉族仅4人，满族9人，而皇族竟有5人，故人称"皇族内阁"或"满族内阁"。

这样一来，立宪派不干了，游行示威。"皇族内阁"1911年5月8日成立，当年10月10日爆发了辛亥革命，一声枪响，"内阁大臣"纷纷倒戈，可见这次立宪有多么不得人心。清政府面对压力，加速了立宪主义的速度，在10月30日清政府仅用3天时间匆忙起草名为《宪法重大信条十九条》（以下简称《十九信条》）的宪法性文件，并于11月3日宣布立即实行。除了大清帝国皇统万世不易以外，改变很大，国会也有权力了，"皇族内阁"取消了，明确规定不得以命令代法律。《十九信条》充分说明治国的道理满清政府不是不懂，而是不为。改革是有窗口期的，抓不住就可能来不及了。

回望历史，即便如此，这种尝试在皇权至上的封建社会已不啻于一道闪电划破长空，在千年封建专制的习惯下植入了宪法的种子，使得宪法的精神在当时的神州大地刮起不小的风暴，甚至成为了有志人士的一种强劲社会诉求，为宪法中国化的发展提供了巨大支持。

二、确证合法性的"工具"宪法期

清末立宪与今天我们所说的宪法还有很大的出入，中国宪法进入深入发展期，应归功于孙中山为首的革命派。学习西方，结合国情，为我所用。孙中山在 1906 年提出"三民主义"的同时提出了"五权宪法"的构想，在其构想中，他首先区分了人民享有的选举、罢免、创制、复决四大"政权"与政府从人民处得到的"治权"；进而，把治权划分为五个部分，即按照英美三权分立制划分为立法权、行政权、司法权，再加上中国传统的考试权和监察权，是为五权。孙中山的立宪思想在当时具有开创意义，他极力主张的立宪理想在于将中国建设成一个自由博爱、人人平等的国家，代表了几代中国人追求幸福的愿望，有着历史的进步意义。辛亥革命后，为实现这一理想并防止革命果实被袁世凯窃取，制定了中国历史上第一部确立民主共和的国家制度以及人民的民主权利和自由的宪法文件——《中华民国临时约法》，它以根本法的形式确认了辛亥革命的成果，宣告了在中国延续两千多年的君主专制制度的终结。不过，改革没有说的那么容易，每个人都有他的脾气，历史上的改革总可能遇到反弹和复辟。袁世凯首先就不适应。

袁世凯上台之后，深感似乎陷入了革命派编织的"牢笼"中，连用点经费都无法"乾坤独断"，他深深感到被限制了，因为在骨子里还是无限怀念当年"帝王风范"，他显然不想畏畏缩缩地做个居家过日子的"小媳妇"，按照他的设想，本想指望通过向国民党议员占多数的国会施加压力而制定一部总统制的宪法，但当宪法草案起草出来后，却是一部比《临时约法》更完善的议会内阁制的宪法，即 1913年的《天坛宪草》。袁世凯勃然大怒，强行解散国会，任命了一个"约法会议"，炮制了《中华民国约法》即"袁记约法"。在这部约法中，他终于实现了"总统总揽大权的美梦"，后来一想，这样的大权还是无法长久，于是想方设法地迫使参议院通过了《大总统选举法》，确定了终身总统制和世袭总统制，最后干脆恢复帝制。为此，袁世凯对外不惜牺牲国家主权和利益，积极投靠帝国主义。据不完全统计，在袁世凯当权的几年里，和帝国主义侵略者先后签订过100多个不平等的合同、协定和条约。但他没有想到的是，当时的人民已经被立宪撩拨的激情满满，因此，他的目的也没有实现，遭到了全国人民的唾弃和反对，袁世凯被迫撤销帝制，在全国人民的声讨声中死去，其约法自然终止效力。

随后军阀们"学得很快"，纷纷拿宪法当成确证自己统治合法性而非保障权利、约束权力的文件。事实是，中国宪法文件用鲁迅的话来说就是"城头变幻大王旗"。之后的一段时间，各种宪法性文件层出不穷，其中不得不提的是一部宪法，它的名声较差，尤其是背负了贿选的骂名，被称为"曹锟宪法"或"贿选宪法"。当年曹锟在强硬的英美后台支持下把原来的总统黎元洪赶跑了，曹锟很要面子，要挂个民主的"羊头"，于是他以每票5000元的高价贿赂议员，据考证当年曹锟想这是一笔很大的支出，不能让自己的银子白花，在选举当天，他还偷偷跑去观察，看是否都选了他，结果他还真发现了一个议员"收了钱还不办事"。曹锟很生气，怎么可以如此"无耻"？于是他偷偷地问："你怎么收了钱还不选我？"这个议员理直气壮地说："如果你要是能当总统，那全天下的人都可以当总统；如果你当了总统，那总统也就不是总统了。"曹锟想了想，告诉他，谁有钱又长得帅，谁就可以当总统，你看我又帅又有钱最适合当总统！结果旁边有个议员直接站起来说，如果按这个标准我认为梅兰芳比大帅还适合当总统，当然他被曹锟鄙视的眼神淹没了。于是，曹锟顺理成章地当上了总统，并公布了《中华民国宪法》。这部宪法内容上不可谓不好，规定了大总统的其他所有活动必须依国会法律或由"国务员之赞襄行之"；规定立法权由国会两院行使，总统不得否决立法；国会同时行使美国式的弹劾权，可对总统、副总统及国务员提出弹劾。同时，规定了较为广泛的公民权利和自由。不过，从这部宪法的制定来看，就不是民主的产物。它虽采用了议会内阁制政体且总统权力有限，但也只具表面的民主形式，既然议员可以贿赂，就很难相信议会会去弹劾总统或推翻政府的政策，因而它实际上是以宪法为招牌，用根本法的形式确认军阀的专制独裁，最后《中华民国宪法》也被扫进了历史的垃圾堆。

之后以蒋介石为首的国民党还有过两部宪法性文件不得不谈。一部叫《中华民国训政时期约法》，它从1931年一直延续到1946年，它从法律上确认国家权力交由国民党行使，确认国民政府对国民党的隶属关系，实际上确立了蒋介石的最高独裁者的地位，而同时又对公民的权利作出了极大的限制。另一部是1947年1月1日公布的《中华民国宪法》，它出台的历史背景较为特殊，蒋介石发动了全面内战，为了给自己的统治披上合法外衣，并为内战制造理由，在这一年的11月，在没有中国共产党和其他民主党派参加的情况下召开国民大会，通过了1946年《中华民国宪法》，这是国民党政权在大陆制定的最后一部宪法。就形式上看，这部宪法是制定得比较完备的宪法，然而，这部宪法也难掩矛盾之处，一方面标榜自由民主，另一方面维护专制独裁；一方面主张平等财产保护，另一方面以"平均地权""节制资本"为名，保障封建土地剥削制度和官僚资本的经济垄断。

民国时期，虽然各种宪法性文件层出不穷，但当我们走出历史的烽烟，以超然的心态回眸检视其得失成败时就不难发现，立宪在近代中国的引进更大程度上是在内忧外患之际被迫采取的一种急功近利的权宜之计，统治者扯起民主、平等、自由等立宪理念的大旗，更多的时候则具有自身强烈而现实的政治考量，宪法在他们的手中甚至成了实现政治目的、玩弄政治权术的一件掩人耳目的新道具。不过，从好的方面看，这些军阀明明不想套上枷锁，也要劳师动众搞上个宪法。可见，宪法已成大势所趋，人心所向，不愿为也不得不为。

三、步入正轨的"转型探索"宪法期

从宪法在中国的发展来看，立宪自登上中国社会的政治历史舞台以来，便一直承载着自由、平等、人权、法治等美好的价值诉求与期盼，其精髓在于通过宪法来确立政权的合法性基础，进而通过制度来限制公权力，藉此防止人民的人权受到政权的侵害，并进而确保政权的行使能符合人民的利益。

新中国的成立是立宪道路上的一次历史性转折，中国人民经过一百多年的英勇奋斗，终于在中国共产党的领导下，取得了反对帝国主义、封建主义和官僚资本主义的人民革命的胜利。革命胜利后要建立一个什么样的国家，如何把革命胜利成果用法律形式固定下来，并且规定新中国成立后的大政方针，作为全国各族人民共同遵循的准则，这就迫切需要制定一部具有根本法性质的文件。但在当时中国大陆还未全部解放，战争尚在进行；反革命势力还很猖獗，各项社会改革尚未开展；社会秩序还不够安定；遭受长期战争破坏的国民经济尚未恢复；人民群众的组织程度和觉悟程度尚未达到应有的水平，因此，当时还不能立即召开由普选产生的全国人民代表大会并且制定一部完善的正式的宪法。在这种情况下，中国共产党邀请各民主党派、人民团体、人民解放军、各地区、各民族以及国外华侨等各方面的代表635人，组成中国人民政治协商会议，在普选的全国人民代表大会召开以前代行全国人民代表大会的职权。1949年9月29日，中国人民政治协商会议第一届全体会议选举了中央人民政府委员会，宣告中华人民共和国中央人民政府的成立，并且通过了起临时宪法作用的《中国人民政治协商会议共同纲领》。

按照当时的设想，用《中国人民政治协商会议共同纲领》在一段时间内可以取代宪法，这从当年刘少奇同志给斯大林的信件中可以窥见，当时普遍认为既然有了共同纲领，可以沿用到社会主义改造完成、国家进入社会主义之后再来制定宪法。但历史恰好发生了逆转，也催生了新中国第一部宪法的诞生。1952年9月，时任中共中央书记处书记刘少奇率团参加苏共十九大，面见了斯大林同志，斯大林较为严肃地向中央代表团提了一个建议，也就是中国共产党必须制定一部宪法，否则那些敌对势力就可以说你们政府不是人民选举的，因为你们国家没有宪法，所以政府没有合宪性基础。这一点对刘少奇同志的触动较大，回国后毛泽东同志也赞同斯大林的这一观点，要抓紧起草新中国第一部宪法，专门成立了宪法起草委员会，而且毛泽东同志亲自担任宪法起草委员会主任，成员还包括了 33 位国家领导人及民主党派代表，毛泽东同志为此还专门跑到杭州西湖刘庄国宾馆，沉下心来专门看宪法资料，拟定初稿，毛泽东同志的秘书胡乔木和田家英分别起草了宪法序言和正文部分内容。1953 年 3 月 17 日拟定好之后，为了更好体现宪法的科学性，还专门请了周鲠生、钱端升这两位著名的宪法学家为法律顾问。同时，请了叶圣陶、吕叔湘为语言顾问，对宪法草案的文字进行专门研究。

为了广泛征求各方面的意见，在北京和全国各大城市组织了各民主党派、人民团体和各方面代表共 8000 多人，用了两个多月的时间对宪法草案初稿进行了认真的讨论，共提出了近 6000 条修改意见。1954 年 9 月 15 日，在第一届全国人大第一次会议上刘少奇作《关于中华人民共和国宪法草案的报告》，全体代表投票通过了宪法。1954 年宪法总结了人民革命的历史经验和社会主义建设与社会主义改造的经验，以根本法的形式巩固了人民革命的胜利成果，并且规定了国家在过渡时期的总任务，为我国进一步发展指出了正确的方向和道路。这部宪法制定得很好，代表了人类社会基本的潮流和方向，以中国共产党提出的"党在过渡时期的总路线"作为国家的总任务，并把党所创建的基本制度和党所制定的基本方针和重要政策予以宪法化、条文化，明确了公民的财产权保障，规定了人民法院独立进行审判，只服从法律。

遗憾的是，1954 年宪法没有充分保障实施的动力和机制，实践中也未能阻止"文化大革命"的爆发。1975 年宪法取消了权力的制约与监督，把"文革"中的许多错误理论和做法加以法律化、制度化，人大制度几乎处于瘫痪状态，民主和法治原则受到严重践踏，法律工具主义与虚无主义大行其道，公民权利和自由的保障无从谈起。此时的宪法作为顶层设计不健全，实践中也出现了诸多问题。

后来颁行的 1978 年宪法虽有很大改进，但还未对历史进行深入的反思和检讨，尚未确立"实践是检验真理的唯一标准"的认识论基本原则，"两个凡是"的方针仍禁锢着人们的思想，也还未将"解放思想，实事求是"作为思想路线用来指导国家各项工作的展开和恢复，许多被"四人帮"颠倒了的政治理论和是非关系尚不清楚，未能正确地总结新中国成立以来国家生活中的经验教训，故而在许多关键问题上 1978 年宪法仍是 1975 年宪法的延续，仍然要"以阶级斗争为纲"，并且充分肯定了而不是否定了"文化大革命"。经过 1979 年和 1980 年两次局部修改后仍有一些问题。党的十一届三中全会召开以后，国家的政治、经济、文化发生了很大的变化，有了一定的发展，社会开始走向正轨，进一步修改宪法，使之符合社会发展的规律变得十分重要。邓小平在总结"文化大革命"的教训时说："我们过去发生的各种错误，固然与某些领导人的思想、作风有关，但是组织制度、工作制度方面的问题更重要。这些方面的制度好可以使坏人无法任意横行，制度不好可以使好人无法充分做好事，甚至会走向反面。"

"文革"的教训为"八二宪法"的制定与实施铺陈了充分的动力，在总结了中国历史上的正反两方面经验教训后，1982 年 12 月 4 日，我们国家迎来了一部具有里程碑意义的宪法。这部宪法与 1954 年宪法结构基本相同，继承和发展了 1954 年宪法的基本原则，调整和增加了部分章节，充分总结了社会主义建设的经验，也注意吸收国际的经验，既考虑现实的需要，又考虑长远的发展，最终在 1982 年 12 月 4 日第五届全国人民代表大会第五次会议上正式通过并颁布。1982 年宪法是我国社会走向正轨的标志。

自改革开放以来，中国用四十年时间，从不到十亿的人口吃不饱饭，到解决温饱，总体实现小康，经济总量跃居世界第二。但是我们也看到，市场经济带来了一定的不公平，于是有人又想走回头路，认为走错了路。其实，中国历史上没有一个时期比今天更好。市场经济所带来的问题可以通过民主法治来解决，而不是走回头路。中国这几十年的快速发展，源于党领导人民坚持实事求是和解放思想；源于我们对既往状态的不满足和反思；源于我们有足够的自信能够做出自我的革命；源于我们通过制度变革的方式解决了一个又一个重大的理论和现实问题。中国社会出现的种种问题，我们有足够的智慧和能力用宪法之治的方式去解决。

第 四 章

现行宪法是一部好宪法

- 宪法只有不断适应新形势、吸纳新经验、确认新成果，才能具有持久生命力。

　　我国现行的 1982 年宪法出台的背景异常特殊，刚刚经历了"文革"，整个中国大地正处于新旧时代交替的关键时期。可以说，这部宪法承载了中华民族的希望，担负起完成转型的历史重担，因此，即便没有明确规定宪法实施的具体机构和保障措施，但落实这部宪法，是全社会的愿望，可以说动力十足。改革开放总设计师邓小平同志亲自参与了宪法制定，宪法修改委员会由叶剑英任主任委员，宋庆龄、彭真任副主任委员，103 名委员中有中央政治局、中央书记处的全体同志，全国人大常委会副委员长、国务院副总理、全国政协副主席和各民主党派负责人、无党派代表人士等。邓小平同志在审阅宪法修改委员会名单草案时批示："宪法修改委员会名单我同意陈云同志意见。党内外人士的比例三七开或四六开均可考虑。"宪法修改委员会是一个代表性很强的权威机构，它对全国人民代表大会负责，任务是向全国人民代表大会提出宪法修改草案。1982 年 2 月 17 日，邓小平在与彭真、胡乔木和邓力群等谈对宪法修改草案的意见时，特别说了这样一句："新的宪法要给人面貌一新的感觉。"

一、现行宪法是一部民主的宪法

（一）"八二宪法"制定程序真正集中了全国最大多数人民的意志

好宪法是汇聚民意，反映民意的宪法。1980 年 8 月 18 日邓小平同志在中共中央政治局扩大会议上曾经说过，"要使我们的宪法更加完备、周密、准确，能够切实保证人民真正享有管理国家各级组织和各项企业事业的权力，享有充分的公民权利，要使各少数民族聚居的地方真正实行民族区域自治，要改善人民代表大会制度，等等。"[①]邓小平同志这个讲话，实际上为起草 1982 年宪法确定了重要的指导思想。根据王汉斌同志的回忆，1980 年制定现行宪法之前，广泛征求了各方意见。秘书处把 1954 年宪法和 1978 年宪法发给各部门、各地方、各界人士，请他们对这两部宪法哪些留、哪些删、哪些改、哪些加，提出意见。然后，分别找各方面人士，包括中央各机关和民主党派、人民团体的负责人，尤其是法律专家，开座谈会，听取意见。同时还研究、参考外国的宪法，先后收集了 35 个国家的宪法。为了更好地提出切合实际的改革主张，当时的讨论没有什么禁区，畅所欲

---

① 《邓小平文选》第二卷，人民出版社 1994 年版，第 339 页。

言、言者无罪，一时蔚成风气。《邓小平年谱（1975—1997）》中讲到，1981 年 12 月，邓小平同志在同胡乔木同志谈修改宪法时强调，宪法序言里要提马列主义、毛泽东思想，条文里不提。当时彭真同志经过反复考虑提出，把四项基本原则写入序言。

宪法修改草案制定后，经过全民讨论，才提交全国人民代表大会审议。王汉斌同志的解释是，首先，全民讨论的过程，就是全体人民反复商议的过程，也是党和群众反复商议的过程。党的意见是不是充分集中了人民群众好的意见，只有同他们商量和经过实践检验才能知道。其次，全民讨论也是统一全国人民意见的好形式。经过讨论，人民群众同意了，全国人民的意见进一步统一了，就证明宪法修改草案真正集中了全国最大多数人民的意志。最后，全民讨论也是人民群众直接参加国家管理的一种重要形式。宪法是国家的根本法，人民参加讨论宪法修改问题，就是参加拟订和学习、掌握宪法，就是参与管理国家大事。所以，组织全民讨论是件很大的事情。经过全民讨论，宪法也会更加完善。"八二宪法"的制定修改过程充分体现了程序正义，在制定修改宪法的过程中，既坚持党的领导，又成立了宪法修改委员会，划清了制宪的领导主体和组织主体之间的界限；既尊重专家学者的立法建议，又坚持人民群众的广泛参与，理顺了制宪的群众基础和法律特色之间的关系；既积极借鉴社会主义国家的立宪经验，又充分吸收西方国家宪法中的先进思想，做到了古为今用、洋为中用；既严格遵循立宪的一般程序，又根据实际情况调整立宪规划，实现了原则性与灵活性的完美结合。

（二）"八二宪法"也是我国民主法治建设进入正轨的"总开关"

"八二宪法"充分体现了社会主义民主精神，广泛借鉴古今中外民主立宪的科学经验，翻开了中华人民共和国制宪史上的光辉一页，也拉开了中国民主法治建设的序幕。

首先，"八二宪法"高度浓缩了我国制宪的历史经验。它切实保障了社会主义民主立宪政体，认真总结和继承了我国民主立宪的历史经验，明确了公民权利与义务的关系，进一步完善和加强了人民代表大会制度。与"五四宪法"相比，"八二宪法"增强了宪法的严肃性和稳定性，确立了宪法在社会主义民主建设中的根本地位，全面真实地反映了我国民主的发展状况。同时，它较为彻底地纠正了"七五宪法"的错误，弥补了"七八宪法"的部分缺憾，为完善我国社会主义民主、全面建设社会主义法制奠定了新的历史基础。

其次，"八二宪法"确认了民主制度化法律化，为中国特色社会主义民主奠定了法理基础。"八二宪法"以法律和制度的形式，确立了人民主权原则和法治原则，并使之系统化和规范化。与此同时，它确认和巩固了中国特色社会主义民主的国家制度和根本政治制度，提出并完善了中国共产党领导的多党合作和政治协商制度、民族区域自治制度、基层群众自治制度，设定了中国特色社会主义民主的实现机制。

最后，"八二宪法"是加强社会主义民主建设的法律宣言。它规定了社会主义民主建设的基本内容。尤其是把"公民的基本权利和义务"置于"国家机构"之前，充分体现了国家对每个公民基本权利的保护。同时，它还恢复了国家主席设置，增设了中央军事委员会，增加条文的数量，调整条文结构，规范条文表述，运用"法言法语"，体现出了其他法律无法具备的根本性、全面性和发展性等特征。一个典型的表现是在 2004 年对现行宪法进行修改的时候，曾经有一个删减逗号的故事，当时宪法修正案草案中最初的表述为："国家为了公共利益的需要，可以依照法律规定对土地实行征收或者征用，并给予补偿。"在审议时，"并给予补偿"前面的一个逗号引起了有些代表的疑虑，有代表提出，以上两处规定中的"依照法律规定"，是只规范征收、征用行为，还是也规范补偿行为，应予明确。为了删改这个逗号，大会主席团向代表们提交了长达 450 余字的解释和说明，充分体现了对宪法条文精雕细琢的科学品质。

"八二宪法"集中体现了广大人民群众的利益和意志，见证了社会主义中国的改革发展，是一部真正民主的宪法。它不但较为全面地总结了我国社会主义革命和建设的历史经验，而且还充分展示了社会主义民主的本质和优越性。

二、现行宪法建构了科学的国家结构形态

制定"八二宪法"的时候，我们国家刚刚"文革"结束不久，处在新旧时代相交的十字路口，许多国家结构处于停摆状态，拿出一部什么样的宪法，直接关系到我国发展的方向和前途。宪法修改的具体工作从 1980 年由胡乔木负责，到 1981 年由彭真负责，其间

讨论的内容，都与如何改革以及改革到什么程度这个重大问题密切相关。用邓小平同志的话说："只有对这些弊端进行有计划、有步骤而又坚决彻底的改革，人民才会信任我们的领导，才会信任党和社会主义，我们的事业才有无限的希望。"①幸运的是，以邓小平、叶剑英和彭真为代表的推动宪法制定的这些领导人，在亲身经历了"文革"后，对改革更具有强烈的使命感。在制定"八二宪法"时，这些领导人富有责任感，勇于担当。1980年邓小平在《党和国家领导制度的改革》中就说："这个任务，我们这一代人也许不能全部完成，但是，至少我们有责任为它的完成奠定巩固的基础，确立正确的方向。"②邓小平同志的这个讲话实际就是制定"八二宪法"的重要精神。

"八二宪法"将制定规则的权力交给特定的国家机关。判断一个国家是否实行法治，一条根本性的标准就是看谁能在这个国家制定规则。因此，在制定宪法时，彭真同志指出，不仅要靠党的政策，而且要依法办事，要从依靠政策办事，逐步过渡到不仅靠政策，还要建立、健全法制，依法办事。"八二宪法"对为国家、社会和公民个人制定规则的主体进行了通盘考虑，确立了以全国人大及其常委会为核心的分层次的立法体制，建立起宪法、法律、行政法规、地方性法规、自治条例和单行条例以及规章等不同渊源的规则体系。按照现行宪法的规定，只有特定的国家机关或者类似性质的组织才能为国家、社会和公民制定行为规则，其他任何党派、组织和个人制定的政策和

① 《邓小平文选》第二卷，人民出版社1994年版，第333页。
② 《邓小平文选》第二卷，人民出版社1994年版，第343页。

规则、发表的讲话、做出的批示等，虽然对社会行为也有指引作用，但都不具有法律效力。这一规则制定权的转变，"八二宪法"发挥了至关重要的作用。

"八二宪法"还恢复和完善了中国特色的国家权力体系。随着改革开放之后经济、社会的不断发展，尤其是经济体制改革的加速，原有的政治体制已无法适应改革发展的要求，再加上"文革"造成的国家权力运行体系的紊乱，政治体制上也凸显出一些问题。按照邓小平同志的说法："从党和国家的领导制度、干部制度方面来说，主要的弊端就是官僚主义现象，权力过于集中的现象，家长制现象，干部领导职务终身制现象和形形色色的特权现象。"①这些弊病根源在于国家权力结构没有形成科学、合理、法治的体系，缺乏完善的权力配置、明晰的权限划分与监督体系以及有效的公共权力运行的责任制度。"八二宪法"因应时代的要求，从宪法层面上恢复和完善了中国特色的国家权力体系，形成了有效的权力监督体系。具体体现为：

其一，进一步加强了全国人民代表大会制度。加强了全国人民代表大会常委会的组织建设和对日常工作的领导；设立若干专门委员会，为人民代表大会职能的有效发挥提供了组织保障；将全国人大常委会的立法权限扩大为可以制定基本法律之外的其他法律，可在不与基本法律基本原则抵触的情况下，对基本法律作出部分修改或补充。全国人大常委会职能的加强在一定程度上弥补了全国人大会期短暂、人大代表非专职化、立法工作繁重等方面的困难，为中国现代化事业

---

① 《邓小平文选》第二卷，人民出版社 1994 年版，第 327 页。

蓬勃发展提供了及时有力的法治基础。

其二，从国家政治生活的实际需要出发恢复了国家主席的设置。设立中央军事委员会，承担国家军事统帅权，并规定了中央军委主席对全国人大及其常委会负责。由此完善了国家机构设置，理顺了权力机构之间的关系。"八二宪法"对于国家行政机关、国家审判机关、国家检察机关的权力也进行了明确的规定，这些机关依据宪法的规定而获得相应的权力。

其三，"八二宪法"坚持和固定了先前关于1978年宪法修正案的规定，规定了省一级人民代表大会的基本立法权限；在行政权的划分方面，以列举的形式明确规定了中央人民政府和省一级人民政府的事务范围；在司法权方面，"八二宪法"确立了司法机关依法独立公正行使职权的原则，确立了各级法院上下级之间的监督与被监督的关系；确立了民族区域自治和行政特区制度等特殊的中央与地方关系。"八二宪法"基本上理顺了立法权、行政权、司法权在纵向上的权力配置关系，同时也为中央与地方关系的调整提供了正确的导向。在随后的改革发展进程中，以权力下放为基本方向的中央与地方关系的改革，加强了地方经济和社会发展的权力，一定程度上发挥了地方的主动性和积极性。

其四，"八二宪法"根据新时期政府工作的特点，以根本法的形式确立了行政首长负责制。其具体规定有两条：第八十六条规定"国务院实行总理负责制。各部、各委员会实行部长、主任负责制"；第一百零五条规定"地方各级人民政府实行省长、市长、县长、区长、乡长、镇长负责制"。由此，中国从中央到地方的各级人民政府全部确立了行政首长负责制。行政首长负责制从"八二宪法"确立以来，在中国政治发展进程中已从抽象的宪法条文规定落实到具体的公共权力运行实践之中，全国各级行政机关普遍地实行了首长负责制，这对于推动整个社会的政治、经济、文化等领域的发展起到了积极的作用。

三、现行宪法是公民权利的"宣言书"

宪法的核心在于保障公民的权利。好宪法必须保障公民的基本权利，公民是公共权力合法性的唯一来源，而"八二宪法"则将这一精神体现得淋漓尽致。对比新中国成立之后的四部宪法中关于公民基本权利的条文数量与权重：1954 年宪法中，关于公民的基本权利的规定共 15 条（从第八十五条到第九十九条），约有 950 字，被列在第三章，处于总纲和国家机构之后；1975 年宪法中，公民的基本权利同样被列在第三章，位列总纲和国家机构之后，但条文数量却骤减到 4 条，约有 450 字；1978 年宪法中，关于公民基本权利的规定共有 12 条（从第四十四条到第五十五条），约有 800 字，次序仍位列总纲和国家机构之后。而现行的"八二宪法"则发生了根本性转变，关于我国公民基本权利的体例设计与之前三部宪法不同，把公民的基本权利与义务的章节提前，列在国家机构之前，突出体现对于公民基本权利的重视，体现由国家权力本位向公民权利本位的价值转型，而且"八二宪法"关于公民基本权利的规定共有 18 条（从第三十三条到第五十条），共 1500 字左右，充实了公民基本权利的相关规定。

我们再从具体的内容上来看，"八二宪法"关于公民基本权利的规定首先立足于人民当家作主的原则。宪法中明确规定了公民通过全国人民代表大会和地方各级人民代表大会行使国家权力。从人民当家作主的内容和形式上来看，"八二宪法"相比以往更加全面。1954 年宪法规定了广泛的公民权利，然而由于"文革"的干扰，人民的基本权利并未得到保障。1978 年虽然增写了人民的一些权利和自由，但它并没有完全摆脱"文革"的消极影响。"八二宪法"在修改基础上恢复了"公民在法律面前一律平等"的规定，并增写了"任何组织或者个人都不得有超越宪法和法律的特权"，使得宪法规定的平等权更具现实性和可靠性。

"八二宪法"明确规定了公民依照法律的规定，可以通过各种途径和形式管理国家事务，管理经济和文化事业，管理社会事务，比 1978 年宪法规定的坚持社会主义民主原则更加明确、更加具体。"八二宪法"还规定了基层群众性自治组织，这一民主形式的确立为广大人民参与管理本地区的公共事务开辟了新的途径，使得广大人民能直接行使管理本地区公共事务的权利。同时，"八二宪法"恢复了1954 年宪法关于公民有言论、结社、游行、示威自由的规定。"八二宪法"对于公民言论自由权利的确认和发展，完善了公民政治权利体系，为公民政治参与提供了根本法律保障。鉴于"文革"中任意侵犯人身权利和住宅的历史教训，"八二宪法"规定："禁止非法拘禁和以其他方法非法剥夺或者限制公民的人身自由，禁止非法搜查公民的身体"，"公民的人格尊严不受侵犯。禁止用任何方法对公民进行侮辱、诽谤和诬告陷害"。

"八二宪法"不仅总体上规定国家要不断提高劳动生产率和经济效益，发展社会生产力，而且在对经济、社会和文化等权利的具体规定上，突出地强调了国家提供物质条件的保障作用，表明了公民基本权利保障的真实性。可见，"八二宪法"重新突出了公民权利的重要地位，立足于人民当家作主的原则，将公民基本权利的规定充实和扩展到了政治、经济、社会各个领域，完善了公民基本权利体系。"八二宪法"关于公民基本权利的具体规定也使得中国政治发展进程走上了正确的方向。

正如彭真所言，现行宪法"继承和发展了一九五四年宪法的基本原则，充分注意总结我国社会主义发展的丰富经验，也注意吸取国际的经验；既考虑到当前的现实，又考虑到发展的前景"[1]，是一部有中国特色的，适应新的历史时期社会主义现代化建设需要的、长期稳定的新宪法。应该说"八二宪法"不仅是新中国法治发展史上的一个重要节点，更是新中国政治发展进程的重要里程碑，标志着我国社会主义民主政治制度建设进入成熟稳定发展时期，以宪法为基础的社会主义民主政治制度体系初步形成，开启了中国特色社会主义政治发展的新征程。

讲到这里，有人可能会产生疑问了，既然"八二宪法"这么好，为什么之后还出了五次宪法修正案，要对这部宪法进行修改呢？

如果从马克思主义哲学的观点来看，宪法的稳定性与适应性是辩

---

[1] 《十二大以来重要文献选编》上，人民出版社 1986 年版，第 138 页。

证统一的，宪法与社会生活既相适应又冲突，冲突是绝对的，适应是相对的。因此，必须要从两者之间寻求一种平衡，这种平衡就是采取宪法修正案的形式对我国的宪法进行修补，不断完善人类对社会规律的认知。

好宪法也会修改，且没有休止符。

第 五 章

现行宪法的主要内容

- 宪法创制者给我们的是一个罗盘，而不是一张蓝图。——波斯纳
- 宪法就是一张写着人民权利的纸。——列宁

　　各国宪法的结构大同小异。一般而言，宪法的形式结构由篇、章、节、条、款、项、目等构成。从我国现行宪法的体例来看，以"章"开篇，兼有节、条、款等设置，现行宪法全文共 4 章，143 条，另附修正案。我国宪法分为序言、总纲、公民的基本权利和义务、国家机构、国家象征五个部分。

一、宪法的序言

　　大多数国家的宪法在正文之前，都会有一部分叙述性文字，介绍一下制宪的宗旨、目的，制宪权的来源，制宪的经过，宪法的地位，以及其他不便以条文形式规定的国家基本政策等。我国宪法序言内容较为丰富，其中大体可以概括为以下六点：第一，简要阐述了中国人民的革命史；第二，回顾了 20 世纪以来的四件历史事件；第三，明确规定了国家的根本任务；第四，确立了国家的政治意识形态；第五，详细阐明了实现社会主义现代化的国内外条件；第六，明确了中国共产党作为执政党的宪法地位。据学者归纳，"五四宪法"的序言是毛泽东同志的秘书胡乔木写的，现行宪法的序言他也参与起草，最终由时任全国人大常委会委员长的彭真同志确定。根据现有资料，当时归纳总结四件历史事件的时候，是经过反复推敲，最终以最高法律的形式确认了中国各族人民奋斗的成果，规定了国家的根本制度和根本任务，明确了中国共产党的执政地位。

那么，宪法列举了哪些历史事件呢？这些历史事件分别为：第一件为辛亥革命；第二件为新民主主义革命建立新中国；第三件为新民主主义向社会主义过渡确立社会主义制度；第四件为经济建设方面取得了重大历史成就。据考证，当时对是否要写辛亥革命这一历史事件有一定争议。四件历史变革性事件中，除了第一件其余三件都是中国共产党领导下取得的重大成功。"孙中山先生领导的辛亥革命，废除了封建帝制，创立了中华民国"，这是个开端，但没有取得成功，"中国人民反对帝国主义和封建主义的历史任务还没有完成"，这也让我们更加坚定走中国特色社会主义道路的决心。著名学者冯象认为："中国宪法序言跟任何国家都不一样，就是中国特色，是中国政法制度的基础，是一种艺术。"

接续的问题是既然宪法序言是纲领性序言，那宪法序言是否有效力？目前，学术界主要存在无效力说、有效力说、部分效力说和模糊效力说四种观点。（1）无效力说的主要理由：第一，宪法序言中大多数原则性规定难以成为人们的行为准则，没有必要赋予其法律效力。第二，宪法序言主要是某种价值观的表述，其价值主要在于使宪法结构更具完整性，本身不具有法规范的属性。第三，宪法序言原则性的规定和事实性的叙述，其结构形式不符合也没有必要符合法律规范的结构要求，因而其法律效力也无从谈起。（2）有效力说的主要理由：第一，宪法序言作为宪法的构成部分之一，自然与宪法的其他部分一样具有法律效力。第二，宪法序言同宪法的其他部分一样，其修改也都遵守严格的程序，其与宪法的其他部分一样具有法律效力。第三，宪法序言在正确解释宪法、使用宪法条文等方面起着越来越重要的作用，也即在现代宪法体制中宪法序言的职能作用日益体现出来，它具有构成宪法规则的规范性基础，其与宪法的其他部分一样具有法律效力。（3）部分效力说的主要理由：上述两种认识都具有片面性，只针对宪法序言的部分内容，不能涵盖宪法序言的全部。因此，宪法序言仅具有部分法律效力，即它必须和宪法条文相结合才具有法律效力。（4）模糊效力说的主要理由：宪法序言的抽象性特点可能导致一种效力的未确定状态，即模糊效力的状态。我们认为，有效力是肯定的，否则难以称之为"法"，但是否有机会发挥效力，则有赖于未来宪法实施过程中的运用。

二、宪法的总纲

宪法的总纲，也有宪法称为"基本原则""总则"或"国家和社会的基本制度",以进一步规定宪法的基本原则。这一部分主要规定了国家的性质、国家的政治制度、国家的结构形式、社会经济制度等。虽然许多发达国家宪法中没有总纲的规定,但几乎都在序言或前言中明确了宪法是由人民依据自己的意志和利益制定出来,保护人之为人的权利。

我国宪法总纲中对于我国国家性质和根本制度的规定是核心。宪法在第一条就开宗明义地规定了我们国家的性质和国家实行的根本制度。第一款明确规定:"中华人民共和国是工人阶级领导的,以工农联盟为基础的人民民主专政的社会主义国家。"宪法总纲中第二个重点解决的问题是国家政权组织形式,也就是经常讲到的政体,对此,我国现行宪法第二条规定:"中华人民共和国的一切权力属于人民。人民行使国家权力的机关是全国人民代表大会和地方各级人民代表大会。人民依照法律规定,通过各种途径和形式,管理国家事务,管理经济和文化事业,管理社会事务。"这个条文之间隐含着层层递进的关系,国家的一切权力都属于人民,所以党的十九大报告也反复强调必须坚持以人民为中心的思想。同时,不可能所有的人都来行使权力,所以现代国家无一例外地都采用了代议制的国家机构形式,即由代表来行使这个主权。我们称之为人民代表大会制度。人民行使国家权力的最好方式,就是通过选举,选出自己的代表组成全国人民代表大会和地方各级人民代表大会,作为国家权力机关,去代表人民行使国家权力。当然必须明确,我国实行人民代表大会制度,是在中国共产党的领导下进行的。

《宪法》总纲部分中第三个重点问题就是国家机构的组织原则,

即民主集中制原则。民主集中制是指在民主基础上的集中和在集中指导下的民主相结合的制度。它不仅是我们党的组织和活动原则，也是国家机构的组织和活动原则。在党内，民主集中制原则的主要内容是：少数服从多数，下级服从上级，全党服从中央。党内民主集中制的要求也适用于国家机构的民主集中制。我国的前几部宪法一直强调国家机构实行民主集中制原则。1954 年宪法规定："全国人民代表大会、地方各级人民代表大会和其他国家机关，一律实行民主集中制。"1975 年宪法规定："各级人民代表大会和其他国家机关，一律实行民主集中制。"1978 年宪法又恢复了 1954 年宪法的规定。现行宪法将各级人民代表大会和其他国家机构统称为"国家机构"，并删去了"一律"两个字。有关国家机构实行民主集中制原则的含义没有根本性的变化。

《宪法》总纲部分中的第四个重点问题就是我国实现了社会治理模式的转型，采取全面依法治国的模式。著名学者马克斯·韦伯总结了人类历史的三种支配模式：第一种是传统支配模式；第二种是卡里斯玛支配模式；第三种就是合法性支配模式。从中国宪法来看，我们实现了传统支配模式到合法性支配模式转型升级。我国宪法第五条就明确规定我国实行依法治国，建设社会主义法治国家。1999 年修改宪法时，也有人提出，宪法中已经有了"法制"的概念，就不需要再提"法治"或者"依法治国"了。实际上，"法治"与"法制"虽然有联系，但还有很大区别。法制是指各项法律制度的总和，它包括宪法和法律以及各项法规、规章制度。只要"有法可依、有法必依、执法必严、违法必究"就是法制。但在生活中我们发现，如果法律制度违背了基本的宪法精神，或者得不到切实的遵守和执行，这样的"法制"是不可行的。而"法治"作为治理国家的一项基本方略，它首先要求一套完备的法律制度，成为一切政权机构和公民一体遵守的唯一依据；强调首先要"科学立法"，确保法律反映人民利益，一视同仁；然后才是"严格执法、公正司法、全民守法"。中共十八届四中全会更是把全面依法治国上升到治国理政的高度，党的十九大报告又鲜明指出要深化依法治国实践。

三、公民的基本权利和义务

公民的宪法权利和义务在任何一个国家的宪法中，都占有非常重要的位置，特别是公民的宪法权利是实行立宪主义的一个基本标志，也是宪法之所以具有最高的法律地位，称其为根本法的源头。我国现行宪法中，公民的基本权利和义务位于宪法正文的第二章。在1982年宪法修改时，在宪法的整体结构上把"公民的基本权利和义务"由原来的第三章改列为第二章，而把"国家机构"由原来的第二章改列为第三章。这从某种意义上说明了公民的基本权利和义务的重要性，这是因为公民的民主自由权利是社会主义民主的重要内容，而国家机构则是实现民主的具体形式和手段。从现有宪法来看，对于公民的宪法权利，大体可以分为平等权、公民参与政治的权利、精神文化活动的自由、人身自由和人格尊严、社会经济权利、获得权利救济等。这些权利都是要保障的每个公民必需的权利，同时与每个公民休戚相关。

在十多年前，假如你是一个乙肝患者，而如果你想要当公务员，这是无法想象的事情，因为按照当时各个地方招录公务员的体检标准，是严格禁止的。后来发生了震惊全国的"周一超案件"，录取之时由于他患有乙肝，没有录取而采取极端报复方式，后被判处死刑。据说，当年甚至连患有妇科病、色盲等都无法当公务员。显然，如果招考单位不是专门从事食品卫生工作的岗位，这样的疾病限制显然是违反宪法的平等权的。我国宪法第三十三条第二款规定的"中华人民共和国公民在法律面前一律平等"是指：（1）我国公民不分民族、种族、性别、职业、家庭出身、宗教信仰、教育程度、财产状况、居住期限，都一律平等地享有宪法和法律规定的权利，也都平等地履行宪法和法律规定的义务。而在 2009 年重庆高考状元何川洋因作假民族身份，虽然考出了 659 分的高分（此系没有任何加分的成绩），依然被北京大学拒绝录取。这个事例引发了大家对少数民族考生的优待政策，宪法学上称之为"优惠性差别待遇"，是否违反宪法平等权的反思。

可见，公民的基本权利与义务在实践中非常重要，也极易引发争议。2012 年春节期间，四川省彭州市通济镇麻柳村村民吴高亮在自家承包地的河道边偶然发现一些乌木，随即雇佣挖掘机开挖。通济镇政府获悉后，认为乌木为埋藏物，依法应归国家所有。镇政府要求吴高亮立即停止挖掘，由镇政府主持继续挖掘，共挖出 7 根乌木，其中一根金丝楠木的市场价格约为 1000 多万元。通济镇政府将这些乌木运到镇客运中心封存，并贴上"国有资产管理登记表"。之后，该事件持续发酵，成为了全国热议的"彭州天价乌木案"，其焦点在于"天价乌木"到底属于国家还是属于个人，换言之，国家所有权和私有财产权之间的关系和界限是什么？在所有人不明或无主物的情况下，基于宪法的私有财产权保障与社会主义经济制度之间的关系，应作出怎样的权属安排？尤其是在 2004 年修宪时明确了私有财产权的宪法地位，私有财产权入宪，从某种意义上有助于促进个人人格发展自由。因此，立法机关在依据宪法具体化财产权规范时，必须注意财产权存在的本意，同时，也必须平衡公共利益与私益，任何一种倒向一方的偏向或歧视，都不符合财产权保障的要求。

有人或许会说，宪法规定了这么多的宪法权利，为什么实践中并不能总是感触得到呢？这涉及的核心问题在于宪法的实施机制，也涉及公民的权利保障，其实在宪法第四十一条就明确规定了公民所享有的申诉和控告的权利，同时也规定了其享有的补偿请求权，正如一句法律谚语所讲"无救济即无权利"。同时，在实践中我们还会面临一个问题，就是宪法规定了这么多权利，如果权利与权利之间发生争执怎么办？这涉及权利之间的平衡与协调问题，而这也恰好是宪法在权利上发生作用的体现。记得在去某街道调研之时，曾经有位街道办副主任不无忧虑地说，宪法在国家层面可能会发生作用，但一旦到了基层社会，尤其是社区层面，宪法还真是没有啥用！对此，我们却认为，其实在基层更能体现宪法的权利协调功能，宪法从某种意义上说是权利的"衡平器"。就如同我们注意到，国外的烟盒上通常都印有骷髅头、病入膏肓的照片，底下有一句"吸烟有害健康"。这或许就是权利的平衡。如果认为香烟有害健康，彻底禁止香烟可否呢？

显然烟草生产企业会认为这是我的营业自由权，还有烟草企业的职工会认为这是我的劳动权，凭什么剥夺？在这样的情况下，只能采取一些平衡的措施，例如给香烟征收重税以及在香烟上写上"吸烟有害健康"，但选择的权利在吸烟者自己手中，这样就实现了权利之间的平衡。

是否这些宪法权利都是绝对的？宪法规定的权利都是相对的，也就是受到一定条件限制的。从宪法的文本来看，采取了一定的保留条款。宪法第十三条规定"公民的合法的私有财产不受侵犯"，但第三款就规定"国家为了公共利益的需要，可以依照法律规定对公民的私有财产实行征收或者征用并给予补偿"。同时，我国宪法中除了规定公民的宪法权利，还规定了公民的宪法义务。现行宪法分别在第五十二、五十三、五十四、五十五、五十六等条文规定了每个公民还必须履行一定的宪法义务。在《论公民的宪法义务——基于宪法的平衡精神》一书中，笔者较早系统化地论证宪法义务，认为，宪法义务是指为维护宪法权利和秩序，应由宪法所规定的公民必须履行的，对建立国家并保证国家持续发展必不可少的义务。

四、国家机构

只要您不是个无政府主义者，就不能否定国家机构的重要性。笔者甚至认为，国家机构应是宪法的核心内容，国家机构设置得好，公民的权利才能够得到有效的保护。在我国宪法学上的"国家机构"是个较为复杂的概念，从通说来看，国家机构是指公共权力机关的总和，也即只要是以国家预算为其办公经费和人员薪金来源的机构实体，均应属于国家机构的范畴。因此，国家机构是国家机关的总称，而国家机关则指依据宪法和法律所设立的、承担某一具体国家职能的国家机构，即国家机关是立法机关、行政机关、司法机关及其他机关的总和。从具体条文来看，现行宪法一共143条，国家机构部分的条文数大约为84条，占了整部宪法条文的一半还多。宪法对于国家结构的规定主要集中于对全国人民代表大会、国家主席、国务院、中央军事委员会、地方各级人民代表大会和地方各级人民政府、民族自治地方的自治机关、监察委员会、人民法院和人民检察院。

对于这些具体的国家机构，宪法的条文都给予了充分的说明，尤其是对各机构的组成和职权分别进行了解释。从职权来看，实践中容易引发大家关注的问题有：如何真正实现代表平等？主要在于原来《选举法》规定农村和城市选民所代表的人数为8∶1，现在已经实现了1∶1，而且适当增加基层代表人数。以及是否应该专职化？现在的人大代表均是兼职，担任代表不是主业等。

在国家机构这一部分容易引发大家思考的问题还有：这么多的国家机构是否会产生职权的冲突，或者说发生冲突后应该怎么办？其实实践中还真有可能发生这样的事件，例如曾经发生过的黑龙江恢复强制婚检事件。2005年6月，黑龙江省第十届人大常委会第十五次会议通过了修改的《黑龙江省母婴保健条例》，其中明确规定：黑龙江省实行婚前医学检查制度，"准备结婚的男女双方，应当接受婚前医学检查和婚前健康教育，凭婚前医学检查证明，到婚姻登记机关办理结婚登记"，"婚姻登记机关在办理结婚登记时，应当查验并留存男女双方婚前医学检查证明"，没有婚前医学检查证明的，不予办理结婚登记。《黑龙江省母婴保健条例》的公布施行意味着黑龙江省成为自 2003 年 10 月 1 日实行自愿婚检以来，我国第一个恢复强制婚检制度的省份。同时它也引起人们对于我国的法律法规之间冲突的关注。2003 年 10 月 1 日，国务院颁布的《婚姻登记条例》废除了强制婚检，实行自愿婚检制度；然而 1994 年第八届全国人大常委会制定的《母婴保健法》则明确规定：准备结婚的男女双方，应当接受婚前医学检查和婚前健康教育，凭婚前医学检查证明，到婚姻登记机关办理结婚登记。实践中就出现了黑龙江省内的条例虽然违背了国务院的行政法规，但却符合了《母婴保健法》的要求而有效，这一尴尬局面，背后恰好是各国家机构之间没有形成执行合力，而产生的法律执行冲突问题。

五、国家象征

国家象征，也即国家标志，是指由国旗、国徽、国歌所代表的国家的主权、独立和尊严，通常被认为是一国宪法中不可缺少的基本内容之一。严格说来，首都不是国家的标志。但首都一般是一个国家或政治或文化或经济或兼而有之的中心，常被形容为国家的心脏，在人们的心目中和国际上被看作是有关国家的缩影，所以通常也在宪法中国家象征部分作出规定，国家象征主要包括国旗、国歌、国徽、首都。

国旗是最常用的国家标志。它通过一定的式样、色彩和图案来反映一个国家的政治特点和历史文化传统。因此，各国往往以宪法或专门的法律来规定国旗的名称、图案以及使用方法。我国宪法第一百四十一条规定："中华人民共和国国旗是五星红旗。"我国国旗是在新中国成立前夕，由中国人民政治协商会议第一届全体会议以决议的形式通过的。1954年以后，载入历次宪法。1990年6月28日，第七届全国人民代表大会常务委员会第十四次会议通过的《中华人民共和国国旗法》，系统地规定了国旗的构成、制作、升挂以及使用办法。

国歌是国家的音乐象征。通常在庄严的集会、庆典和国际交往的仪式上演奏或演唱。国歌大多数都是专门创作的；也有采用传统的革命歌曲或爱国歌曲；还有采用古老的歌词新作歌谱，或者用传统的革命歌曲、爱国歌曲、古典歌曲的曲调另作歌词。

我国的国歌是《义勇军进行曲》，由田汉作词、聂耳作曲。1949年9月27日，中国人民政治协商会议第一届全体会议通过了关于国歌的决议，决定在中华人民共和国国歌未正式制定以前，以《义勇军进行曲》为国歌；1978年3月5日，第五届全国人大第一次会议通过了一个关于国歌的决定，决定在保留歌曲曲调的基础上修改歌词；1982年12月，第五届全国人大第五次会议通过决议，决定恢复《义勇军进行曲》为国歌。第十届全国人大第二次会议通过宪法修正案，在宪法第一百三十六条中增写一款，作为第二款，规定："中华人民共和国国歌是《义勇军进行曲》。"并将宪法第四章的章名由原来的"国旗、国徽、首都"修改为"国旗、国歌、国徽、首都"，这是深得人心的。2017 年 9 月 1 日下午,《中华人民共和国国歌法》获十二届全国人大常委会第二十九次会议表决通过,于 2017 年 10 月 1 日起施行。其第三条规定:"中华人民共和国国歌是中华人民共和国的象征和标志。一切公民和组织都应当尊重国歌,维护国歌的尊严。"并且在第十五条规定:"在公共场合,故意篡改国歌歌词、曲谱,以歪曲、贬损方式奏唱国歌,或者以其他方式侮辱国歌的,由公安机关处以警告或者十五日以下拘留;构成犯罪的,依法追究刑事责任。"

国徽是以图案为其组成形式的,它是国家特有的象征和标志,代表着国家的主权和民族的尊严。世界各国都有自己的国徽,形状、图案各不相同。国徽的式样、图案也是精心设计的。在外形上要求严谨端庄,在寓意上要求深刻。从国徽的图案及其表达的含义来说,有的是本国重要历史事件的剪影和记录,有的反映了本国的地理面貌、自然资源和环境,有的反映了本国的政体、信仰和传统政治理想,有的表达了民族的自由、解放和独立等。国徽不仅作悬挂使用,也同时用作国家的纹章或国玺。1949 年 6 月,中国人民政治协商会议筹备会决定,除第六小组负责确定国徽图案(包括国旗图案、国歌词曲)外,另设立国徽图案(包括国旗图案、国歌词曲)评选委员会,评选委员会第一次全体会议决定,由清华大学营建系和中央美术学院分别组织一个小组设计国徽。1949 年 6 月 20 日晚,国徽评选委员会最后一次讨论国徽方案,确定了清华大学设计组提出的方案。6 月 23 日,中国人民政治协商会议第二次全体会议通过了国徽评选委员会提出的国徽方案。6 月 28 日,中央人民政府第八次会议通过了政协关于国徽图案的建议。9 月中旬,清华大学教授、著名雕塑家高庄完成了国徽的定型设计，毛泽东同志随后以中央人民政府命令的形式，公布了国徽图案及对该图案的说明。中华人民共和国国徽由此诞生了。我国的国徽，中间是五星照耀下的天安门，周围是谷穗和齿轮。

首都也叫国都、首府，是国家最高领导机关所在地，通常是国家的政治、经济、文化中心。世界上绝大多数的国家只有一个首都，但也有极少数的国家有两个。世界上还有一些国家的国名和它的首都的名称相同，如巴拿马、吉布提、新加坡、墨西哥、危地马拉等。北京作为我国的首都是由 1949 年 9 月 27 日中国人民政治协商会议第一届第一次全体会议确定的，这次会议通过的《关于中华人民共和国国都、纪年、国歌、国旗的决议》规定："中华人民共和国国都定于北平。自即日起，改名北平为北京。"1954 年宪法继续确认了这个决议，但将"国都"改称"首都"，后来的三部宪法也作了相同的规定。1982 年宪法规定："中华人民共和国首都是北京。"北京作为中华人民共和国的首都，现在是中国共产党中央委员会、全国人大及其常委会、国家主席、国务院、中央军事委员会、国家监察委员会、最高人民法院、最高人民检察院等党和国家领导机关所在地。它也是各国驻中国的大使馆和公使馆的所在地。

第六章

宪法修改

- 宪法修改是国家政治生活中的一件大事，是党中央从新时代坚持和发展中国特色社会主义全局和战略高度作出的重大决策，也是推进全面依法治国、推进国家治理体系和治理能力现代化的重大举措。———《中国共产党第十九届中央委员会第二次全体会议公报》

　　在《理念、制度、文本：社会主义宪政体系的完善》一书中，笔者曾提出，当前中国正处于转型时期，包括宪法文本在内都在摸着石头过河。自从 1982 年宪法实施以来，取得了举世瞩目的成就，但在一些宪法的细节上还带有明显的转型时期的印记，缺乏科学性和合理性，因此宪法修改十分必要。当前多种思想激荡，社会复杂动荡，如不改革，恐时机将过；而完全以自然法为依据进行宪法重构，触动的利益较大、面过宽，又恐难以实现。鉴于现实，笔者建议在中国共产党的领导下，在不触动根本政治制度的前提下，明确宪法中的条文，使之更加符合公平正义的理念，更加符合社会发展的趋势。

一、宪法修改的缘由与界限

为什么要修宪？很多人给出了答案。有学者认为宪法修改从主观方面来看是由于受到人们认识能力的限制，制宪者在制宪时难免会存在缺陷。这种缺陷可能由于制宪者缺乏对宪法基本属性的全面认识而形成的立宪短期化行为造成，也可能由于立宪技术的不成熟、不科学造成，通俗点讲就是人都是人而不是神。还有学者认为从客观来看，是由于社会现实的发展变化必然会引起宪法的修改。社会现实的发展变化，有其自身的规律，宪法中硬性的规定，不可能完全适应变化的客观实际。只要宪法的规定不适应现实社会实践的需要，社会就会产生一种自发的需求和行动作出某种变更，突破现行宪法的规定，最终导致宪法的修改。简单来讲就是宪法必须与客观实际相适应，我们老祖宗打破脑袋也无法预料"未来"还会出现新的"四大发明"——"高铁、支付宝、共享单车和网购"。

其实，每个国家都不可能制定出一部一劳永逸的宪法，都要根据本国政治、经济、文化和社会其他因素的发展变化和需要，对宪法进行充实和修改，使宪法与社会发展保持一致，以促进社会进步，维护国家利益。当然，世界这么大，什么情况都有。有的国家也曾宣称，主要是内心无比渴望自己的宪法永远不变，比如也门1970年宪法和苏丹1973年宪法号称"永久宪法"，被事实证明是一种空想式的笑料。

　　一般而言，基于以下情况可以对宪法进行修改：

　　第一，当一个国家的根本任务发生重大的变化和转折，执政党和国家的总路线、总政策、总方针必须发生重大变更时，可以对宪法进行必要的修改，以保证宪法作为国家根本大法和国家总章程的法律地位。以 2018 年修宪为例，中国"正处于一个大有可为的历史机遇期"，这是一个基本的战略判断。抓住机遇，中国必将迎来新一轮的大发展。但机遇和挑战并存，抓不住机遇，就可能变成挑战，甚至影响中华民族的长远发展。"八二宪法"使中国走上了改革开放的道路并逐渐确立了社会主义市场经济的模式，推动了中国社会经济的巨大飞跃。基于市场经济的弊端，"八二宪法"逐步修改，确立了法治和人权保障等原则。这些原则都需要通过有效的制度加以落实，而制度建设既是改革的关键点，也是改革的难点，特别是党的十八大以来，我们党勇于探索实践，逐步形成并完善了中国特色社会主义制度的理论与框架，为此次宪法修改积累了有益的经验。此次修宪既是对以往实践经验的科学总结，更是对未来中国发展方向的明确指引，是抢抓历史机遇所做出的关键性的、战略性的调整，将为实现中华民族伟大复兴的中国梦奠定制度基础，对中国的未来产生巨大影响。这也是本次修宪的历史原因。

　　第二，当社会发展异常迅速，在政治、经济、文化和社会其他方面出现重大变化，宪法的某些条款与社会发展发生明显冲突时，就应该对宪法进行修改。也就是客观方面发生变化的时候必须要对宪法进行修改。例如在 1988 年宪法第一条修正案对宪法第十一条增加规定："国家允许私营经济在法律规定的范围内存在和发展。私营经济是社会主义公有制经济的补充。国家保护私营经济的合法的权利和利益，对私营经济实行引导、监督和管理。"这主要就是经济制度的变化引发的修订，因为实践中已经出现了私营经济的问题，这就从立法上明确了已经出现并在蓬勃发展的私营经济的法律地位和国家对私营经济的政策，有利于促进私营经济的发展。1993年宪法修正案第五条将宪法第七条的"国营经济"修改为"国有经济"，反映了政企分开及所有权与经营权分开的经济政策。宪法修正案第六条将宪法第八条第一款的"农村人民公社、农业生产合作社"删除，修改为"农村中的家庭联产承包为主的责任制……"，用法律形式确认了自1978年以来农村改革的成果。宪法修正案第七条将宪法第十五条的"计划经济"修改为"国家实行社会主义市场经济"，"国家加强经济立法，完善宏观调控"，"国家依法"禁止扰乱社会经济秩序的行为，确认了国家的市场经济发展方向，并逐步将经济运行过程和政府管理经济的行为纳入法治的轨道。

第三，当宪法已经确认的国家生活和社会生活中某些带有根本性的问题已逐步解决，或是某些在国家生活、社会生活当中原为无足轻重的问题已上升到带有根本性质的问题时，可以对宪法进行修改和补充。例如1999年宪法修正案在宪法序言第7自然段中明确指出我国社会主义初级阶段的长期性，确立了邓小平理论在新的历史时期的指导思想地位，同时把发展社会主义市场经济列入国家根本任务；在宪法第五条增加一款，确立了"实行依法治国，建设社会主义法治国家"的基本治国方略；并且在宪法第六条增写了"国家在社会主义初级阶段，坚持公有制为主体、多种所有制经济共同发展的基本经济制度"和"坚持按劳分配为主体、多种分配方式并存的分配制度"等。

第四，当某一宪法条款所适用的条件或情况已经完全改变，或是这一条款所表达的行为规范本身已有严重缺陷时应该对宪法进行修改。例如 2004 年宪法修正案全面修改宪法第十三条的内容，规定"公民的合法的私有财产不受侵犯""国家依照法律规定保护公民的私有财产权和继承权"；在第十条第三款将原有规定对土地的"征用"区分为"征收"和"征用"，也规定了"并给予补偿"；在第十四条增加了一个第四款，规定"国家建立健全同经济发展水平相适应的社会保障制度"；并且取消了"戒严"，代之以"紧急状态"，因而对涉及全国人大常委会、国家主席和国务院职权的相应的第六十七条、第八十条和第八十九条进行了相应修改。

宪法的核心精神是平衡，宪法修改也是。正如著名学者庞德认为，"法律必须稳定，但又不能静止不变"。宪法可以改，但不是想怎么改就怎么改。宪法修改要遵循社会发展的内在规律，否则又会被社会规律反作用，今天我们看到一些拉美、非洲国家的乱象都与此有关。

宪法修改是有界限的，简单地说就是有些内容动不得。一般认为，人权是不可剥夺的，世界上有些宪法甚至自己就规定了不可修改的条款。例如《德国基本法》第 79 条规定禁止修改"联邦制以及人的尊严""民主社会的联邦国家"；《意大利宪法》第 139 条明确规定："共和政体不能成为修改对象"；《法国宪法》第 89 条规定："任何有损于领土完整的修改，不得着手进行"等。我国宪法也有一些不可动摇的原则，如我们国家的根本政治制度、民主集中制原则、人权保障原则等不能修改。

二、修宪的基本模式

基本上讲，修宪模式无外乎宪法全面修改、宪法修正案和修宪法令三种模式。每一种模式都有自己一套独特的惯常的程序、方式、方法，都有各自的价值取向。

（一）全面修改模式

宪法全面修改就是对宪法文件从内容到结构进行大幅度调整、变更以及充实，说的简单一点就是"以新换旧"。宪法全面修改一般是在政治、社会发生重大转型，又需要保持法律的连续性的情况下而采取的一种修宪形式。从现有资料来看，世界上最早明确规定可以全面修改宪法的是1874年的瑞士联邦宪法，该宪法第3章第118条规定联邦宪法在任何时候都可以被部分修改或全面修改。此后，也有一些国家宪法明确规定可以全面修改宪法。如1920年的奥地利共和国宪法、1961年的委内瑞拉共和国宪法、1844年的多米尼加共和国宪法。频频全面修改宪法，有点国策大扭转的意思，会让宪法没法保持稳定，也让人民感觉宪法不像根本大法，而且宪法全面修改要经过很长时间，耗时还耗力。例如，全面修改宪法次数最多的是多米尼加共和国宪法，从1844年到1966年120多年时间内，先后31次全面修改宪法，平均每四年就全面修改宪法一次，令人叹为观止，令老百姓难以揣摩。新中国自 1954 年宪法颁布至今共进行 3 次全面修改，分别产生了 1975 年宪法、1978 年宪法和 1982 年宪法。

（二）宪法修正案模式

宪法修正案模式是指在宪法总体文本不变的情况下，修宪主体通过法定程序对宪法部分条款的修改、废除、增补，并且将修正的内容按照先后顺序附在宪法典之后的一种修宪模式，说的简单一点就是宪法的"修修补补"。从现有资料来看，世界最早采用这种修宪形式的是美国，从 1787 年宪法通过到现在，共通过了 27 条宪法修正案。其中还有一个比较有趣的故事，美国宪法在第 18 条修正案明确规定了禁酒，要求酒类饮料的制造、售卖或转运，均应禁止。如果这放在具有悠久酒文化的中国那简直不可想象，当然美国人民甚至修宪者也充分认识到了一个人类真知，"人们离了酒是难以愉快生活的"，所以颇具吊诡的是美国宪法又出了一个修正案，第 21 条修正案明确废止了禁酒令，让人不得不感叹美国宪法"也就这个样"。这个时候有人会质疑，如果修正案多了怎么办？应该说，宪法修正案中各个条款之间具有一定的独立性，通俗地讲就是被修正的内容之间不需存在内在的联系，如果有联系，可以合并为一个独立的条款。美国 1791 年的第一届国会一口气提出了 12 条宪法修正条款，打包构成了"权利法案"部分。我国自 1982 年现行宪法适用至今，期间，我们对宪法的修改已采用了宪法修正案的方式，分别于 1988 年 4 月、1993 年 3 月、1999 年 3 月、2004 年 3 月以及 2018 年 3 月通过了五个宪法修正案。

(三) 修宪法令模式

在世界上还有一种不常听说的模式就是修宪法令模式，主要是指宪法修改草案通过后，议会以法令形式变动宪法典文本的内容，并将新的宪法典文本重新公布的宪法修改模式，简单地说就是"增删置换"。修宪法令模式是一种独立的修宪形式，明确完整地规定这种修宪模式的是葡萄牙宪法。1982 年葡萄牙宪法文本第 288 条规定：宪法修正案应以全体议员的三分之二多数通过；已经通过的宪法修正案应附有单独的修宪法令；共和国总统不得拒绝颁布修宪法令。荷兰王国宪法、巴基斯坦宪法、孟加拉人民共和国宪法也有类似的规定。

三、修宪的程序

谁有权修改宪法，各国规定不尽相同。有的国家由代表机关进行，有的国家需交全国公民表决，有的国家交地方议会批准。此外，也有国家规定，只有特别设立的专门机构才能对宪法进行修改。对宪法的修改，一般需依以下程序：

第一，提出宪法修正案。大多数国家对宪法修正案的提出规定了特别严格的条件。谁有权提出宪法修正案，各国宪法规定互不相同，有立法机关，也有成员国议会（如联邦制国家）以及行政机关（如内阁），还有一定数量的公民或最高代表机关的成员以及特设机关（修宪会议或国民大会）等。以美国为例，只有国会两院三分之二议员或者全联邦三分之二州议会的请求才得提出。

第二，通过宪法修正案。宪法修正案的通过，要比普通法律议案的通过困难得多。一般都由立法机关或特别修宪会议通过，并且必须要得到上述机关或会议的绝对多数成员的同意方可生效。如美国宪法的修正案须经过各州四分之三的州议会或者经过各州四分之三的制宪会议的批准，方可生效。

第三，宪法修正案的公布。通常由国家机关或国家元首予以公布，自公布之日起，宪法修正案正式发生效力。在少数国家中，总统对公布国会通过的宪法修正案有不同意见的时候，有权直接将此宪法修正案交由全国公民投票，决定取舍。由于修宪程序如此复杂和严格，使得宪法的修正不得轻易进行，保证了宪法具有一定的稳定性。如美国宪法第十六条修正案（所得税），经过十八年才得到通过。

回到我国的修改宪法的程序，按照立宪的具体步骤来看，大体可以分为修宪提出、先决表决、公告、议决、公布等程序。但如果深入剖析有以下几个步骤是必不可缺的：

第一，在修宪之前必然有个类似宪法惯例的前置程序，也就是中共中央提出修改宪法部分内容的建议，当然党中央在提建议的时候，会征求相关专家学者、民主党派、人民团体等意见，编写"修宪建议"，再交给全国人大常委会，然后再进入既定程序。这一点是具有中国特色的修宪程序。2018 年 1 月召开的党的十九届中央委员会第二次全体会议也强调，自 2004 年修改宪法以来，党和国家事业又有了许多重要发展变化。特别是党的十八大以来，以习近平同志为核心的党中央团结带领全党全国各族人民毫不动摇坚持和发展中国特色社会主义，创立了习近平新时代中国特色社会主义思想，统筹推进"五位一体"总体布局、协调推进"四个全面"战略布局，推进党的建设新的伟大工程，推动党和国家事业取得历史性成就、发生历史性变革。党的十九大对新时代坚持和发展中国特色社会主义作出重大战略部署，确定了新的奋斗目标。为更好发挥宪法在新时代坚持和发展中国特色社会主义中的重大作用，需要对宪法作出适当修改，把党和人民在实践中取得的重大理论创新、实践创新、制度创新成果上升为宪法规定。在这次会议上审议通过了《中共中央关于修改宪法部分内容的建议》。

第二，全国人大常委会向全国人大提出《宪法修正案（草案）》。这个草案与建议之间有一定的关联，是根据中国共产党中央的建议内容提出的。按照宪法规定，宪法修正案的提案权还有一个主体，也就是五分之一以上的全国人大代表可以联名提出。根据中国宪法修正案的惯例，每次召开的党的重大会议精神也会在修宪中有所体现。

第三，必须要经过全国人大通过。宪法明文规定，必须经过全国人大以其全体代表的三分之二以上通过方可。以 2004 年宪法修正案为例，当时出席全国人民代表大会的 2903 名全国人大代表以无记名投票的方式，郑重表决宪法修正案草案，根据当时主席团统计结果，其中有效票 2890 张，赞成票 2863 张，反对票 10 张，弃权票 17 张，完全满足了宪法规定的通过程序，成为正式的宪法修正案。

四、新时代，新宪法

（一）本次修宪的背景

2018 年 3 月 11 日第十三届全国人民代表大会第一次会议通过的《中华人民共和国宪法修正案》是现行宪法的第五次修改，距离上一次修改宪法已过去 14 年，党和国家事业有了许多重要的发展变化。特别是党的十八大以来，以习近平同志为核心的党中央团结带领全党全国各族人民毫不动摇坚持和发展中国特色社会主义，创立了习近平新时代中国特色社会主义思想，推动党和国家事业取得历史性成就、发生历史性变革。党的十九大对新时代坚持和发展中国特色社会主义作出重大战略部署，确定了新的奋斗目标。新时代的新形势新任务，决定了我们又一次站到了修改宪法的新的历史节点上。为更好发挥宪法在新时代坚持和发展中国特色社会主义中的重要作用，需要对宪法作出适当修改，把党和人民在实践中取得的重大理论创新、实践创新、制度创新成果上升为宪法规定。

在此背景下，2018 年 1 月 18 日中国共产党第十九届中央委员会第二次全体会议在北京召开，中共中央政治局听取了《中共中央关于修改宪法部分内容的建议》稿在党内外一定范围征求意见的情况报告，决定根据这次会议讨论的意见进行修改后将文件稿提请十九届二中全会审议。党中央决定用一次全会专门讨论宪法修改问题，充分表明党中央对这次宪法修改的高度重视。

宪法的第五次修改严格贯彻以下原则：坚持党的领导，坚持中国特色社会主义法治道路，坚持正确政治方向；严格依法按照程序进行；充分发扬民主、广泛凝聚共识，确保反映人民意志、得到人民拥护；坚持对宪法作部分修改、不作大改的原则，做到既顺应党和人民事业发展要求，又遵循宪法法律发展规律，保持宪法的连续性、稳定性、权威性。

（二）序言部分的最大亮点：习近平新时代中国特色社会主义思想入宪

本次修宪中修改幅度最大的内容集中在宪法的序言中，而宪法序言修改中最大的亮点，就是把习近平新时代中国特色社会主义思想写入宪法。纵观整个宪法序言部分，主要也是围绕这一思想而展开的。习近平新时代中国特色社会主义思想入宪是基于一个基本前提，就是中国社会主要矛盾的转变，使得中国进入了新时代。党的十九大报告指出，中国特色社会主义进入新时代，我国社会主要矛盾已经转化为人民日益增长的美好生活需要和不平衡不充分的发展之间的矛盾。这是以习近平同志为核心的党中央基于中国特色社会主义进入新时代提出的重大战略判断，这个判断是在揭示我国现阶段基本国情出现的新特点新变化的基础上作出的准确判断，是贯穿习近平新时代中国特色社会主义思想的红线。

从实践来看，变革主要体现在：第一，从一元化社会到多元化社会的转型。改革开放以来，中国社会生产与经济发展方面取得了令人瞩目的成就，人民群众的社会需求也发生了根本性转变，由此也使中国社会由一元化向多元化发生了转型，一个典型特点在于市场经济决定的国家只进行宏观调控与管理即可。由于经济上的多元化产生了利益上的多元化，而在"触动利益比触及灵魂还难"的情形下，直接导致思想价值观念上的多元化。在多元化社会形态之下，人民需求的层次也渐趋多元，对利益均衡调整合理机制的建构提出了更高要求，也直接导致中国当下的社会矛盾处于高发期、多发期与突发期。第二，从全能管理型政府到有限服务型政府的转型。为了解决人民对物质文化的基本需求，势必要政府发挥全面管理功能，集中力量解决温饱问题。而在物质文化的基本需求得以满足的情形下，要求政府在社会各方面"放权"的需求越来越强烈，尤其是要求国家权力不得无正当理由干预个体权利，不能单纯的用行政手段去规定并推行一切，而应当依据法律规定或授权，特别是用正当性依据去规定并推行；同时，国家在处理社会事务之时，行政手段也不是唯一选择，而是最后选择。单纯的管制，容易导致国家公权力失去公信力，社会民众易产生"塔西佗困境"。由此，必然导致政府在面对人民多元化需求的基础上，放松对个人的管制，而向有限服务型政府转型。第三，从民众权利意识的沉寂到民众权利意识的觉醒及对美好生活的追求。在计划经济时代，每一个人完全处于被动地位，公民个人的主体意识、公平意识、环保意识等较为薄弱，只想满足基本物质需求，私人空间较为狭窄。在市场经济条件下，尤其是随着公民个人需求的增加，社会成员对权利、自由、平等相关诉求越来越强烈，人的独立性与主体性观念不断增强，要求有独立的地位与空间，由此，导致人权及其保障意识也逐渐出现，对于基本权利的诉求更加强烈。随着我国从人治向法治的转型，法治能够带给人民安定、稳定、幸福生活，进而维持正常、可持续、长久的社会秩序，已经渐趋成为民众的共识。而权利意识觉醒与美好生活休戚相关。

因此，对政府提出了更为巨大挑战，主要体现在：第一，对政府提供公共服务和产品能力的挑战。政府其中的一项基本职能就在于提供个人、社会组织和市场等所无法提供的公共服务与产品。由于人民对美好生活需求诉求的增强导致利益多元化引发的利益冲突的常态化，其中主要原因在于政府提供公共服务和产品能力的不足。在人民只有基本的物质文化生活的需求下，政府提供公共服务和产品的表现形式也较为单一。为此，在市场经济条件下，为实现社会财富的大量增加，提出了"让一部分人先富起来"，实现"先富带动后富"的目标。因此，实践中出现了城乡二元结构，随着权利意识的觉醒，以及城乡生活环境的不均衡发展，二元结构的壁垒被打破；为满足物质文化生活需要，大量农民涌入城市，贫富差距之间的矛盾转移到对政府提供更平等、更高质、更美好公共服务与产品的诉求上。基本的物质文化需求与对美好生活的需求之间存在一定的冲突，例如为了满足物质需求，工业化进程与环境保护之间的张力渐趋明显，这些都对政府如何提供更优质、更高效的公共服务提出了巨大挑战。第二，维持社会秩序难度增加的挑战。人民对美好生活的需求产生的多元化利益诉求，必然要求加以合法保护，尤其是必须平衡不同利益诉求之间的关系。然而照顾不同的利益主体之利益，不能简单地用利益的高低来衡量，私有权利保护的观念已经深入人心。在人民需求发生转变的情形下，社会管理如果依然延续原有的思维必然会产生社会矛盾，尤其是原有的社会规则在新利益需求面前遭到前所未有的挑战，典型的表现在于：一方面依靠传统的说服教育、思想动员、行政命令等方法来实现社会管理的模式渐趋失灵，新需求对治理能力提出了更高的要求，尤其迫切希望实现治理体系的科学化、民主化、法治化。因此，为更好地维持社会秩序，应对多元化利益诉求，必须转变传统的思维，抓住"关键少数"，提升其运用战略思维、创新思维、辩证思维、法治思维、底线思维的能力。另一方面公民权利意识的觉醒也对维持社会秩序提出了更高要求。物质文化需求更多的是个体权利需求，多元化社会中权利需求的重心亦由个人转向社会需求与公共需求，防止公共权力滥用成为人民群众关注的焦点。涉及环境、医疗、教育、社会保障，乃至衣食住行等方方面面。其中，有部分群众在实践中为了追求利益，甚至在熟知法律规定的情况下，出现"选择性法盲"等非典型性维权方式。第三，完善利益表达机制的挑战。由于利益多元化需求的增加，亟需树立权威的规则体系来引导民众理性表达诉求，尤其是通过宪法和法律来实现良法善治。然而现行宪法颁行三十多年，中国特色社会主义法律体系也已经形成，实践中社会成员遵规守纪、理性表达诉求的机制尚未完善，"信访不信法"的局面仍未得以明显改善。要尊重多元的利益需求，必须通过合法的方式保护这些利益，进而使不同的利益诉求都得以最大化，这就必然要求完善的利益表达机制。有侵害，有途径解决，并在绝大多数情况下得到解决，这是利益表达机制完善的基本要求。然而在实践中，由于多元化诉求的不断增加，正当的利益表达渠道不畅，利益主体势必寻找新的途径来表达。在此情形下，如果不纳入法治化轨道，利益表达方式会面临失控的局面。同时，多元化利益诉求在大数据背景下，也产生了许多难以预测的场景。例如，在不断强调保障民众知情权的情形下，实践中已经出现了滥用知情权，亦即利用政府信息公开给政府变相施压来达到利益表达目的的非正常现象。

"问渠那得清如许？为有源头活水来。"新时代催生新思想，新思想指引新征程；新实践孕育新理论，新理论指导新发展。这些变革与挑战使得习近平新时代中国特色社会主义思想入宪意义重大。从具体修宪来看，它调整充实中国特色社会主义事业总体布局和第二个百年奋斗目标的内容，明确推动物质文明、政治文明、精神文明、社会文明、生态文明协调发展，把我国建设成为富强民主文明和谐美丽的社会主义现代化强国，实现中华民族伟大复兴；它完善依法治国和宪法实施举措，明确健全社会主义法治，实行宪法宣誓制度，增加设区的市制定地方性法规的规定；它充实完善我国革命和建设发展历程的内容，使党和人民团结奋斗的光辉历程更加完整；它充实完善爱国统一战线和民族关系的内容，为实现中华民族伟大复兴的中国梦广泛凝聚正能量；它充实和平外交政策方面的内容，明确坚持和平发展道路，坚持互利共赢开放战略，推动构建人类命运共同体。

可见，习近平新时代中国特色社会主义思想，体现了宪法与时俱进的发展品格，在新时代的十字路口，为中国面临的新问题开出了良方。例如，对于宪法中"五位一体"入宪，特别强调生态文明建设就是一个明证，以前我们强调为了经济发展，为了 GDP，污染可以不考虑，当下生态不可以不关注；"雾霾"现象把这些发展理念敲打得体无完肤，而土壤、水质的污染也是隐患。"绿水青山就是金山银山"。把习近平新时代中国特色社会主义思想载入国家根本法，体现党和国家事业发展的新成就新经验新要求，在总体上保持我国现行宪法连续性和稳定性的基础上推动宪法与时俱进、完善发展，为新时代坚持和发展中国特色社会主义、实现"两个一百年"奋斗目标和中华民族伟大复兴的中国梦提供有力宪法保障。

（三）总纲部分的亮点之一：社会主义核心价值观入宪

核心价值观，承载着一个民族、一个国家的精神追求，体现着一个社会评价是非曲直的价值标准。基于此，本次宪法修改把第二十四条第二款中"国家提倡爱祖国、爱人民、爱劳动、爱科学、爱社会主义的公德"修改为"国家倡导社会主义核心价值观，提倡爱祖国、爱人民、爱劳动、爱科学、爱社会主义的公德"。社会主义核心价值观是在党的十八大报告中提出的，即倡导富强民主文明和谐，倡导自由平等公正法治，倡导爱国敬业诚信友善。2014 年 2 月，习近平总书记在中共中央政治局第十三次集体学习时强调，要用法律来推动核心价值观建设，注重在日常管理中体现价值导向，使符合核心价值观的行为得到鼓励、违背核心价值观的行为受到制约。2016 年年末，中共中央办公厅、国务院办公厅印发了《关于进一步把社会主义核心价值观融入法治建设的指导意见》，为深入贯彻习近平总书记系列重要讲话精神，大力培育和践行社会主义核心价值观，运用法律法规和公共政策向社会传导正确价值取向，把社会主义核心价值观融入法治建设提供了思想和政策指引。

康德曾经说过："世界上只有两件东西最能震撼我的心灵，一件是我们心中崇高的道德法则，一件是我们头顶上灿烂的星空。"这凸显了道德法则的重要性。道德单靠说教从未在社会全方位普遍实现过，要真正贯彻社会主义核心价值观还需要把它入宪，形成整个社会共识，进而通过法治的作用实现社会主义核心价值观的真正落实。应该说，针对老人倒地"扶不扶"的难题，南京的"彭宇案"可能是一个爆发的拐点，正是这次法官偏离了主流价值观的"生活情理"尝试，引发了公众对社会道德缺失、诚信危机的担忧，也造成了难以挽回的社会影响。之后整个中国大地好像陷入了一种怪圈，我们以前教育孩子遇到老人倒地一定要扶，才是懂礼貌的好孩子，到现在我们不断教育孩子遇到老人倒地一定不要扶，真扶了你可能会成为"败家子"。背后恰好是核心价值观与法治之间两相背离的结果。如果我们在法院判决中真正贯彻了法治的精神，或许结果会朝着另一个方向前进。

核心价值观需要通过根本法来保护和张扬，并逐渐法律化，从而将精神文明建设落到实处。要贯彻社会主义核心价值观入宪，还必须在法治宣传教育上"接地气"，感受看得见、摸得着的价值观，成为切实解决社会问题的有效钥匙。

（四）总纲部分的亮点之二：宪法宣誓制度入宪及誓词修改

本次宪法修正案中，关于宪法宣誓制度入宪也是一大亮点，在宪法第二十七条增加一款，作为第三款："国家工作人员就职时应当依照法律规定公开进行宪法宣誓。"其实，在 2014 年 10 月召开的中共十八届四中全会审议通过的《中共中央关于全面推进依法治国若干重大问题的决定》中就提出建立宪法宣誓制度，要求凡经人大及其常委会选举或者决定任命的国家工作人员正式就职时公开向宪法宣誓。关于此次修宪确立的宪法宣誓誓词，也是经过了几次修改才最终得以在宪法中加以体现。为落实十八届四中全会决定精神，决定以立法形式规定实行宪法宣誓制度，以彰显宪法权威，激励和教育国家公职人员遵守宪法，加强宪法的实施。很快，2015年7月1日第十二届全国人民代表大会常务委员会第十五次会议通过了《全国人民代表大会常务委员会关于实行宪法宣誓制度的决定》，其中最早的誓词共有六十五个字，后来经过精雕细刻，把讨论稿誓词中"忠于祖国、忠于人民"，修改成首先要"忠于宪法"；把讨论稿誓词中"为中国特色社会主义伟大事业努力奋斗"，修改为"为建设富强、民主、文明、和谐的社会主义国家努力奋斗"。在2018年2月23日召开的十二届全国人大常委会第三十三次会议中，又把宪法宣誓誓词中有关奋斗目标的表述修改为"为建设富强民主文明和谐美丽的社会主义现代化强国努力奋斗"。最终形成了入宪的七十五个字。

可能会有人产生疑问，为什么我们要把如此多的精力放在宪法宣誓这个问题上呢？宪法宣誓是否有作用以及有什么样的作用？回顾历史我们会发现，宣誓还是中国老祖宗发明的好东西。我们都知道发誓所说的话叫誓言，应允做到的话叫诺言，违背誓言的话只能叫谎言或者流言。所以我们老话说的好："君子一言，驷马难追。"一旦承诺，就需践行。在我国古代，宣誓制度最早出现在重大的政治、军事活动中，有誓与盟两种，"军旅曰誓，有会曰誓，自唐虞时已然。"据

《周礼秋官司盟》记载，"有狱讼者，则使之盟诅。"歃血为盟应该就是这种宣誓制度的前身，在此后的很多故事中也可以看到其影子。例如在《隋唐演义》《兴唐传》中，就有秦琼罗成毒誓应验的故事。新中国成立后，我们虽然没有建立起法律意义上的宪法宣誓制度，但存在着多种多样的宣誓实践，诸如入党宣誓、入团宣誓、就职宣誓等，甚至制定了比如《法官宣誓规定》《检察官宣誓规定》《民兵宣誓实施办法》《民兵誓词》等关于宣誓的规定。

此外，还要讨论一下宪法宣誓的"姿势"，这代表了礼仪。宣誓的时候左手抚按宪法，右手举起，这已经成为了一个惯例，主要原因在于人的心脏在左边，左手按住宪法，表明从内心尊崇宪法，当举起右手时，右手表示行动，即把宣誓的内容付诸于实践。问题来了，我们看到一个人宣誓可以这样抚按宪法，如果人多了，集体宣誓不能除了领誓人，别的人左手都是空空荡荡的，是否也应该每人都有一部宪法呢？这个我们认为还是应该的，宣誓是一种心灵的寄托，因此最好是一人一部。

作为人大代表，我也参加了几次宪法宣誓的场景，感触深刻，应该说我们已经从形式上具备了对宪法的敬畏，当警卫人员护送宪法到会场正中央，心中油然产生一种庄严、肃穆的感觉，我们始终相信宣誓者心中首先要有对宪法的尊重、对法律的信仰，才能真正领会向宪法宣誓的意义，而不应只是将其当作徒有形式的过场。正如著名作家罗曼·罗兰曾经说过："要散布阳光到别人心里，先得自己心里有阳光。"宪法中明确规定宪法宣誓制度，让宪法在国家政治生活中经常化，让宪法闪耀在每个公民的内心。期望宪法宣誓制度能够彰显宪法的至上权威，凝聚全社会依宪治国的共识，在全社会尤其是全体公职人员中营造尊崇宪法权威的氛围，使懂法、守法不再被动，进而培养公民对法律的信仰，让法律的精神融入每一位公民的意识中。

这里还想多说一句，有人一说到一些国家能够实行法治，就认为主要因素是他们有宗教信仰，其实根本不是这样。我曾在欧洲对一些普通人做过访谈，宗教信仰并没有对多数人强大到产生实质性的约束。有个著名的社会学实验（好撒玛利亚人实验），受试者是一组神学院的学生，在他们办事的途中会遇到一个非常需要救助的人（装的很像），其中的一半学生还特意提前给他们讲了圣经中救助的故事，对比两组，实验的结果是，受试者是否伸出援手，不取决于是否知道这个故事，而是取决于在路上究竟有多忙。宣誓是一种极具仪式的承诺，多多少少会在日后产生一种心理上的动力或压力。而这并不需要一定有信仰，中国传统文化，哪怕是作为人的责任感、事业成就感都可以找到这个寄托的基点。同时，也不能高估宣誓制度，宪法宣誓必须有相应的制度性保障，才能真正地促进宪法宣誓制度作用的发挥。

此外，还有很多亮点。如在宪法序言中突出了"改革""人类命运共同体"等内容。在宪法第一条第二款"社会主义制度是中华人民共和国的根本制度"后增写一句："中国共产党领导是中国特色社会主义最本质的特征。"把坚持党的领导在根本大法中更加明确化，庄严地承诺中国共产党将带领中国人民实现中华民族伟大复兴，是中华人民共和国存在的基本要求和本质特征，极具时代特色和中国属性。

（五）本次修宪在国家机构改革部分的最大亮点：设置监察委员会

监察委员会是国家机构体制改革中的一件大事，事关整个国家反腐败机构的调整，为此，本次宪法修改在国家机构部分专门增加第七节，从宪法第一百二十三条到第一百二十七条均是关于监察委员会的规定，可以看出其重要性。这些关于监察委员会的问题必须给予准确厘清，才能真正理解和把握关于监察委员会入宪的精神实质。

1. 监察委员会的性质与定位

修正后的宪法在第一百二十三条明确规定："中华人民共和国各级监察委员会是国家的监察机关"，这其实就从根本法上对监察委员会的性质和地位进行精准定位。监察委员会作为行使国家监察职能的专职机关，与党的纪律检查委员会合署办公，实现坚持党的领导与以人民为中心的理念的高度统一。从其性质看，监察委员会是实现党和国家自我监督的政治机关，不是行政机关、司法机关，既调查职务违法行为，又调查职务犯罪行为，其职能权限与司法机关、执法部门明显不同。同时，监察委员会在履行职责过程中，既要加强日常监督、查清职务违法犯罪事实，进行相应处置，还要开展严肃的思想政治工作，进行理想信念宗旨教育，做到惩前毖后、治病救人，努力取得良好的政治效果、法纪效果和社会效果。

2. 监察委员会的职权

监察委员会按照修宪精神，有监督权、调查权以及处置权三项职权。监督权是指对国家公职人员进行批评教育和针对在监察中所发现的问题，向发案单位发送监察建议、开展教育讲座等手段，预防违法违纪问题再发生。当然也可以事前监督预防，将违法违纪问题扼制在萌芽状态。监督权主要是一项柔性职权，要求监察委员会主动对公职人员开展廉政教育，对其依法履职、秉公用权、廉洁从政从业以及道德操守情况进行监督检查。调查权是指要依规依法查处违规违法犯罪的职权，是监督国家机关及其公务人员是否依规依法正当履职的有力措施。调查方式主要包括对嫌疑对象的各种信息的收集，限制或剥夺嫌疑对象的人身自由、限制其通信自由、扣押其涉案财产等。调查权是刚性职权，要求监察委员会对涉嫌贪污贿赂、滥用职权、玩忽职守、权力寻租、利益输送、徇私舞弊以及浪费国家资财等职务违法和职务犯罪进行调查。处置权则是指对调查的违纪违法问题根据相关的党规法律审查决定处以何种处分的职权。监察委员会的处分分为轻重两个层面：轻的处分层面包括警告、记过、记大过、降级、免职、开除等；重的处分层面则指移送检察机关审查起诉至法院追究刑事责任。处置权更是带有惩罚性的刚性职权，要求监察委员会要依法依规对违法的公职人员作出政务处分决定；对履行职责不力、失职失责的领导人员进行问责；对涉嫌职务犯罪的，将调查结果移送人民检察院，依法提起公诉；向监察对象所在单位提出监察建议。

3. 监察委员会的组成与职责

修改后的宪法在第一百二十四条明确规定："中华人民共和国设立国家监察委员会和地方各级监察委员会。监察委员会由下列人员组成：主任，副主任若干人，委员若干人。监察委员会主任每届任期同本级人民代表大会每届任期相同。国家监察委员会主任连续任职不得超过两届。监察委员会的组织和职权由法律规定。"从该条文来看，其明确了监察委员会的基本构成要素，使得监察委员会在具体实施上有了宪法依据，也方便监察法对国家、省、市、县设立监察委员会作出具体规定。从条文来看，国家一级监察委员会名称前冠以"国家"，体现由行政监察向国家监察的重大转型，表明了其为最高一级国家机构的地位；地方各级监察委员会名称采用行政区划＋监察委员会的表述方式。监察委员会主任由本级人民代表大会选举产生，副主任和委员由主任提请本级人民代表大会常务委员会任免。各级监察委员会可以向本级党的机关、国家机关、经法律法规授权或者委托管理公共事务的组织和单位以及所管辖的行政区域、国有企业等派驻或者派出监察机构、监察专员。监察机关的主要职能是调查职务违法和职务犯罪，开展廉政建设和反腐败工作，维护宪法和法律的尊严；主要职责是监督、调查、处置；主要权限包括谈话、讯问、询问、查询、冻结、调取、查封、扣押、搜查、勘验检查、鉴定、留置等。

4. 监察委员会的领导体制和工作机制

修改后的宪法在第一百二十五条明确规定："中华人民共和国国家监察委员会是最高监察机关。国家监察委员会领导地方各级监察委员会的工作，上级监察委员会领导下级监察委员会的工作。"在第一百二十六条明确规定："国家监察委员会对全国人民代表大会和全国人民代表大会常务委员会负责。地方各级监察委员会对产生它的国家权力机关和上一级监察委员会负责。"这两条应当统一起来理解、贯通起来把握。一方面，为保证党对反腐败工作的集中统一领导，党的纪律检查机关同监察委员会合署办公，履行纪检、监察两项职责，在领导体制上与纪委的双重领导体制高度一致。监察委员会在行使权限时，重要事项需由同级党委批准；国家监察委员会领导地方各级监察委员会的工作，上级监察委员会领导下级监察委员会的工作，地方各级监察委员会要对上一级监察委员会负责。另一方面，监察委员会由人大产生，就必然要对人大及其常委会负责，并接受其监督。

5. 监察委员会与其他机关的配合制约关系

宪法在第一百二十七条规定："监察委员会依照法律规定独立行使监察权，不受行政机关、社会团体和个人的干涉。监察机关办理职务违法和职务犯罪案件，应当与审判机关、检察机关、执法部门互相配合、互相制约。"审判机关指的是各级人民法院；检察机关指的是各级人民检察院；执法部门包括公安机关、国家安全机关、审计机关、行政执法机关等。监察机关履行监督、调查、处置职责，行使调查权限，是依据法律授权，行政机关、社会团体和个人无权干涉。同时，有关单位和个人应当积极协助配合监察委员会行使监察权。目前在实际工作中，纪检监察机关不仅同审判机关、检察机关形成了互相配合、互相制约的关系，同执法部门也形成互相配合、互相制约的工作联系。审计部门发现领导干部涉嫌违纪违法问题线索，要按规定移送相关纪检监察机关调查处置；纪检监察机关提出采取技术调查、限制出境等措施的请求后，公安机关与相关部门要对适用对象、种类、期限、程序等进行严格审核并批准；在对生产安全责任事故的调查中，由安监、质检、食药监等部门同监察部门组成联合调查组，实地调查取证，共同研究分析事故的性质和责任，确定责任追究的范围和形式。监察委员会成立后，对涉嫌职务犯罪的行为，监察委员会调查终结后移送检察机关依法审查、提起公诉，由人民法院负责审判；对监察机关移送的案件，检察机关经审查后认为需要补充核实的，应退回监察机关进行补充调查，必要时还可自行补充侦查。在宪法中对这种关系作出明确规定，是将客观存在的工作关系制度化法律化，可确保监察权依法正确行使，并受到严格监督。

国家监察体制改革是建立中国特色监察体系的创制之举，党中央从全面从严治党出发，将国家监察体制改革纳入全面深化改革总体部署，积极推进改革及试点工作并取得重要阶段性成效，在此基础上使改革实践成果成为宪法规定，具有坚实的政治基础、理论基础、实践基础和充分的法理支撑。赋予监察委员会宪法地位，充分彰显了监察委员会在国家治理体系中的重要作用，也为深化国家监察体制改革、保证国家监察委员会履职尽责提供了根本遵循。

（六）本次修宪在国家机构部分的其他亮点

原宪法第三条第三款"国家行政机关、审判机关、检察机关都由人民代表大会产生，对它负责，受它监督"修改为"国家行政机关、监察机关、审判机关、检察机关都由人民代表大会产生，对它负责，受它监督"。在原宪法第六十二条"全国人民代表大会行使下列职权"中增加一项，作为第七项"（七）选举国家监察委员会主任"；在原宪法第六十三条"全国人民代表大会有权罢免下列人员"中增加一项，作为第四项"（四）国家监察委员会主任"；原宪法第六十七条"全国人民代表大会常务委员会行使下列职权"中第六项"（六）监督国务院、中央军事委员会、最高人民法院和最高人民检察院的工作"修改为"（六）监督国务院、中央军事委员会、国家监察委员会、最高人民法院和最高人民检察院的工作";同时，原宪法第六十五条第四款"全国人民代表大会常务委员会的组成人员不得担任国家行政机关、审判机关和检察机关的职务"修改为"全国人民代表大会常务委员会的组成人员不得担任国家行政机关、监察机关、审判机关和检察机关的职务"。

　　从修改的内容来看，进一步梳理清楚了全国人大与监察委员会之间的关系，更加明确了全国人民代表大会制度是我国的根本政治制度，必须继续坚持，毫不动摇。从监察委员会成立之初，两者之间的关系就曾经产生过较大争议，从现有条文修改来看，首先在总纲部分明确了监察委必须对人大负责，受人大监督；在国家机构部分也明确了全国人大对监察委员会的权力是有权选举、罢免国家监察委员会主任，而人大常委会是监督国家监察委员会的工作，分工也较为明确，这也澄清了在监察委员会试点时，学者担忧的全国人大和人大常委会之间的关系。县级以上人大及常委会的职权宪法在第一百零一条第二款、第一百零三条第三款、第一百零四条也进行了相应的修改。

　　除了围绕监察委员会进行的调整，设区的市人大及其常委会的职权也有了调整，这次调整主要是针对党的十八届四中全会明确规定了设区的市有地方立法权。本次宪法修改在第一百条增加一款，作为第二款："设区的市的人民代表大会和它们的常务委员会，在不同宪法、法律、行政法规和本省、自治区的地方性法规相抵触的前提下，可以依照法律规定制定地方性法规，报本省、自治区人民代表大会常务委员会批准后施行。"同时，现行宪法在修改中，对设区的市地方立法权限进行了双重限制：一是必须不同宪法、法律、行政法规和本省、自治区的地方性法规相抵触；二是必须报本省、自治区人民代表大会常委会批准而不是备案。

在国务院职权方面，一是删除了关于领导和管理行政监察的职权；二是增加了生态文明建设的职权，这"一删一增"进一步廓清了国务院的职权范围。

第七章
宪法实施

- 维护宪法权威，就是维护党和人民共同意志的权威；捍卫宪法尊严，就是捍卫党和人民共同意志的尊严；保证宪法实施，就是保证人民根本利益的实现。——《中国共产党第十九届中央委员会第二次全体会议公报》

一、宪法的实施及专门机构的演进

宪法的诞生不是一朝一夕完成的，它经历了曲折发展的过程。宪法实施也是如此。为了保证作为权利宣言的宪法能够发挥应有的作用，各个国家都根据自己的实际情况设计他们的宪法监督实施机制。

首先，不得不介绍世界上最老牌的现代国家——英国。英国1215 年颁布的《大宪章》是人类历史上第一部宪法性文件，后来又相继制定了一系列旨在保护公民权利、限制国王权力的法律文件，因此，英国被称为人类宪法的母国。那么英国的宪法监督实施机制是否也是随之建立起来的呢？其实并没有。这源于英国特殊的政体，也就是我们通常讲的"议会至上"，我们知道英国是世界上最早打破皇权政体，建立起以议会为核心的政治体制的国家，议会具有至高无上的政治地位和权力，其他国家机关由议会产生，对议会负责，受议会监督。这样就带来了一个问题，英国议会的权力实在是太大了，甚至英国的上议院曾经就是英国的最高法院，修改宪法对于英国议会来说都并非难事。这种议会至上体制所带来的后果就是，在英国没谁有权挑战议会，即使是宪法，在这样的体制下，自然也就很难建立起对议会立法进行纠偏的宪法监督实施机构，英国也没有一部完整的成文宪法典。

事情的转机出现在 1966 年，在《大宪章》诞生的 750 多年后，因为加入欧盟的需要，英国认可了欧洲人权法院的强制管辖权，并允许英国公民直接向欧洲人权法院提起诉讼。随后，英国公民前往欧洲人权法院起诉英国政府的案例逐渐增多，英国政府面子上不好看，同时也意识到，关心人权更容易赢得民众支持。因此，随着英国议会及司法体制改革，最高法院从议会中剥离出来，英国通过了《人权法》并确立了法院行使审查议会立法的权力。在英国，法院应当尽可能地按照《人权公约》的精神来解释议会立法，使其与《人权公约》的含义相一致。如果无论如何解释，议会立法都与公约相抵触，大家注意，法院有权作出的是"不一致宣告"。但是，无论法院行使解释权或者是作出"不一致宣告"，都不影响议会立法的效力，也不会对案件双方当事人产生任何约束力。换言之，法院并没有推翻议会立法的权力。但一般而言，当法院作出"不一致宣告"时，议会和政府通常不会视而不见，而是积极提出各种救济措施来回应法院。这是英国法院在历史上首次有权依据这些被法典化的基本权利来审查议会立法，因此，这被视为英国立宪真正的里程碑。

美国是最早建立宪法监督实施机构的国家。早在美国制定宪法的时候，汉密尔顿、杰弗逊等这些美国立宪国父们就有一个担忧，那就是司法机关既没有调动军队和行政力量的权力，也不管钱袋子，如何与立法机关和行政机关形成制衡呢？

1803 年，马伯里诉麦迪逊案给了美国联邦最高法院大法官马歇尔一个使司法机关向着好的方向发展的制度革新的机会。当时美国第二任总统亚当斯由于种种原因在其任期的最后一天午夜，突击任命了 42 位治安法官，他想让自己人继续当政。不过，这一次，他因疏忽和忙乱有一部分委任令没能及时发送出去，继任的总统杰斐逊和国务卿麦迪逊将委任状扣发了。别人就罢了，但原本应该拿到委任令的人里有个叫马伯里的富商不干了。马伯里是个"官迷"，眼看自己没有机会了，就把国务卿麦迪逊告上了法庭，要求法院裁决他交出委任状，自己要当这个治安法官。这时的大法官叫马歇尔。马歇尔大法官看到这种情况之后，以最高法院的名义致函国务卿麦迪逊，要求他解释扣押委任状的原因。谁料想，麦迪逊对马歇尔的信函根本就不予理睬。在当时的法律和历史环境下，麦迪逊这种目中无人的行为是件稀松平常的事，因为联邦最高法院当时实在是一个缺乏权威的司法机构。这样一来，马歇尔就陷入一种左右为难的状态之中，这个案子该怎么审、怎么判决呢？

按理说，遵照法律规定马歇尔应当判马伯里胜诉，不过马歇尔知道，即便判马伯里胜诉，现任总统和国务卿也不大可能执行这个判决，但是如果判决出来了对方不执行，那么司法权威就会受到影响，以后谁还听你的呢？法院肯定会颜面扫地，威慑力何在？

　　经过一番冥思苦想，马歇尔想出了一个好办法，他抛弃了简单的马伯里是对还是错的思维，作出了一个聪明的判决，他说马伯里把案件上诉到最高法院依据的那个条例违宪了，马伯里不应该直接到最高法院来上诉，而应该先去地方法院起诉。面对这样棘手的问题，马歇尔解决了。与此同时，马歇尔使司法机关具有了保障宪法实施的违宪审查权，法院可以针对立法权、行政权是否违反宪法作出司法判断，成为了权力设计中的重要一环，解决了当时立宪者对司法部门"硬不起来"的担忧。今天，在美国最高法院的院史博物馆中，唯有马歇尔大法官一人享有全身铜像的特殊待遇。

　　按照美国的宪法监督实施机制的规定，合宪性审查只存在于诉讼中，没人告状，法院是不能进行违反宪法的事前审查的。在他们看来，正式的案件中才可能发现违反宪法的问题，宪法案件与一般案件不应该有什么分别，也并无特殊对待。最高法院可以调卷审查下级法院关于是否违宪的判决，但不只审查宪法内容，而是对全部案件进行全面审理，要全面衡量案件的事实部分、法律部分以及法律的合宪性。

　　当然，这个制度也不是一步到位的，这项制度最初也没有发挥多大的积极作用。而"斯科特诉桑福德案"更是通过宪法审查的方式把黑人当作财产来认定；"洛克纳诉纽约州案"裁定纽约州《面包坊法》限定工作时限的规定违背契约"自由"的原则而无效；"普莱西诉弗格森案"确认了臭名昭著的"隔离但平等"原则等。这说明实施宪法过程并非一直与规范美好相伴，有宪法、有违宪审查制度也只是实践宪法的充分而非必要条件。

然而，随着人类文明的演进，宪法实施也发挥了越来越大的作用。这样的例子不胜枚举，特别有代表性的对我们今天中国尤有启示的是 20 世纪 60 年代日本由传统的臣服式封建体制向现代转型中的一个判例。

1968 年 10 月 5 日晚，在日本栃木县矢板市发生了一起特殊的杀人案，29 岁的相泽千代在家中勒死了自己 52 岁的父亲，然而随着警方调查的深入，相泽千代和父亲多年来的混乱关系逐渐清晰，世人为之震惊。原来，这个案件中的被告人，也就是相泽千代从 14 岁开始，就沦为其父亲发泄兽欲的工具，屡屡遭到其亲生父亲的性虐待，作为被迫乱伦的后果，她为自己的父亲生下了 5 个孩子，其中 2 个婴儿夭折，另外还有 5 次流产。此后，相泽千代由于医生劝告其如果再怀孕，将对身体造成极大伤害，被迫接受了节育手术。更为可恨的是，如果她逃走，她的妹妹可能就会沦为下一个她父亲泄欲的工具。无奈之下，相泽千代只能选择隐忍。

随着时间的推移，相泽千代慢慢长大了，在她 29 岁的时候，她在工作中认识了一个比自己小 7 岁的男孩，两个人迅速坠入爱河，这段恋情让相泽千代第一次感受到了作为一个普通女孩的欢乐。在工作与生活中，她和自己的男朋友快乐地交谈，一起享受着青春。然而对于相泽千代来说，幸福的时光总是那么短暂，每天她从单位回到家后，总是不得不面对禽兽般的父亲和自己的 3 个孩子。很快相泽千代的男朋友提出要和她结婚，然而相泽千代的爸爸知道这个消息后怒不可遏，把相泽千代又是一顿暴揍，并监禁在家中 10 日之久。

被监禁在家的日子，相泽千代生不如死，父亲每天喝得酩酊大醉，稍有不快就对相泽千代百般凌辱，甚至拳打脚踢，而到了 10 月 5 日这一天，相泽千代的父亲在酒醉后竟然恶狠狠地告诉相泽千代，如果相泽千代执意要私奔或者去和男友见面，那么他就要杀死他们的三个孩子，此时此刻，饱受了父亲凌辱的相泽千代彻底崩溃了，绝望的她用绳子将酒后熟睡的父亲相泽武雄勒死了。

当然，这是一个非常极端的案件。但这个极端的案子正好把当时日本传统治理模式下的价值观与现代宪法要求的平等、自由、尊严等价值的矛盾冲突展现得淋漓尽致。

按照当时的日本刑法，第一百九十九条为故意杀人罪，处罚为死刑、无期徒刑或三年以上徒刑。而在故意杀人罪之外，刑法的第二百条还专门规定了一条，叫作杀害尊亲属罪，也就是说，故意杀本人及配偶的直系尊亲者，处死刑或无期徒刑。我们看到，日本刑法第二百条规定，杀害尊亲属的法定刑只有死刑和无期徒刑两种选择。这意味着什么？这意味着相泽千代一旦被认定为第二百条的杀害尊亲属罪，那么即使考虑了法定减刑情节和酌定减刑情节，比如说她精神状态虚弱，属于限制行为能力人，被害人有过错等各种因素，她的最终宣告刑也不可能低于三年零六个月的有期徒刑。这是怎么得出来的呢？我们可以按照最低刑无期徒刑来计算一下，按照日本当时法律的规定，对法定刑最多只能减刑 2 次，每次减刑最多只能减少一半原刑期，无期徒刑减刑后只能减至七年有期徒刑以上，而七年有期徒刑再次减刑，最低也将判三年零六个月有期徒刑。而日本刑法第二十五条明确规定，缓刑只能适用于三年以下的有期徒刑或更轻的刑罚，因此杀害尊亲属的事实一旦得到认定，相泽千代将不可能获得缓刑。

　　一方是可恶、可耻、可鄙的父亲本就该死；一方是可怜、无助、无知的女孩本不该抓。在这种忍无可忍，无须再忍的情况下做出的杀死这个父亲的行为，应当给予更轻的惩罚，已成为大多数日本人民群众的共识。是否能够适用某种更轻的惩罚使被告能避免被判实刑，是被告律师也是人民群众的期待。如果要想判处三年以下刑罚，唯有原来的日本刑法第二百条归于无效。

　　那么案件的审判会按照大家所希望的方向发展吗？1969年5月29日，案件一审宇都宫地方法院宣判主审法官佐藤贡认为相泽千代属于防卫过当，并且根据案发前后的客观因素裁定免予处罚，直接给释放了。这样的结果一出，民众欢呼雀跃，可以说是大快人心，但宇都宫地区的检察官却不干了，人都杀了不治罪可不行，于是提出了抗诉。1970年5月12日，东京高等法院进行了二审，案件的主审法官井波七郎认为，父亲长期凌辱相泽千代虽然也属违法，但是相泽千代的确是杀害了自己的亲生父亲，二者不能相抵，在案发时，父亲处于醉酒状态，不能适用正当防卫的条款，因此初审法院判处被告人免于处罚的一审判决不当，予以撤销。根据刑法第二百条，被告人构成杀害尊亲属罪，在此基础上给予最大程度的减刑，判处三年零六个月的有期徒刑。

　　案件的一审、二审判决，来了个180度的大转弯，而同一时期，日本还发生了不少涉及刑法第二百条杀害尊亲属罪的案件，一时间，这个问题成了日本法律界关注的焦点。要想解决这些案件，唯一的方法就是确认杀害尊亲属这一罪名究竟是否违反宪法。

　　1973年4月4日，日本最高法院对相泽千代一案进行了最终审理，按照宪法对于违宪审查的规定，由 15 名最高法院法官组成的大法庭进行了讨论。这个案件由于原被告身份的特殊性，大部分证据资料我们无法看到，能找到的只有一份长达 40 页的终审判决书，我们看到，在场的 15 名法官中，有 8 人认为相比普通杀人罪，杀害尊亲属罪过重的判罚，应该被认定为违背了宪法平等权的规定；有 6 人则认为区分普通杀人罪和杀害尊亲属罪本身就是违背宪法平等权规定的；只有 1 名法官认为杀害尊亲属罪的设定合法，因此最高法院就以 14：1 的得票数作出了最终判决：1. 被害人对被告相泽千代实施的侵害应受谴责；2. 杀害尊亲属罪加重判罚的法律规定属于违宪，判定被告相泽千代犯一般杀人罪；3. 撤销原审判决，改判二年零六个月有期徒刑，缓期三年执行。

根据日本最高法院法官们的意见我们可以看出，大多数法官认为，从刑法第二百条看，刑种范围只限于极重刑，减刑的下限不得低于三年零六个月，这样就没有考虑到类似此案的特殊情况，在法律上也享受不了缓刑。杀害尊亲属罪的法定刑是死刑或者无期徒刑这一点，可以说过于严厉，即使基于合理的根据也不能作出超越限度的歧视性规定。

可以说，日本最高法院对于这个案件的处理意见和给出的理由恰到好处，根据当时的现场报道，当主审法官石田和外宣布"撤销原判决"的时候，旁听席上掌声雷动，而相泽千代的案件也是日本首次认定法律规定因为违背宪法而归于无效。本案结束后，政府方面迅速向国会提出废止"杀害尊亲属罪"的议案，虽然由于多方阻挠，最终未能在立法层面实现。而在法律实务中，本案之后，日本最高检察厅统一发文规定，即使对于杀害尊亲属的犯罪也不得适用刑法第二百条，应当一律以一般杀人罪，即刑法第一百九十九条提起控诉，从而在实质上取消了杀害尊亲属罪的适用可能。

而在相泽千代一案宣判 22 年之后的 1995 年，日本对刑法进行了大规模的改革，全文由文言文改为口语体，杀害尊亲属罪与其他尊亲属犯罪加重刑罚的规定一起，被正式废除。

传统社会，权力至上，皇权至上，尊者尊，卑者卑；现代社会，人人生而平等，各有尊严。很多国家和地区，特别是封建制度历史较长的国家，形成的伦理秩序代替了法治秩序，进而巩固等级制度的方式在现代社会市场经济和个体意识觉醒后正在逐渐瓦解。

再回来看看宪法实施机构的变迁和人类的智慧。英国由于议会具有最高的法律地位，没有机构能够挑战议会立法，因此早期的宪法监督实施机制没有作用；在德国、法国，议会起到政治的主导作用，但法院的地位较英国更为独立，因此既不同于英国完全议会至上，也不同于美国完全三权分立。但人类不会因此而被难倒！德国、法国根据自身的政治经济文化特点，既没有沿用英国以前的弱宪法审查机制，也没有照搬美国法院宪法审查制度，而是采取另起炉灶，在宪法监督设计上另建一个独立于议会和司法机关的特殊机构，既避免了政治体制的冲突，也最大化地确保了宪法得到实施。这个宪法监督机构在德国叫宪法法院，在法国被称为宪法委员会。

德国宪法法院和普通法院是捣蒜剥葱，各管一工。普通法院发现法律违宪时，要立即停止诉讼程序，将案件交给宪法法院来审理；而宪法法院只管宪法问题，不管这个案件的其他内容，不能代替原审法院审理案件。宪法法院审查完后，将结果告知普通法院，普通法院再作出裁决。但如果普通法院不愿意找麻烦，不接受当事人违宪审查的建议怎么办？也有办法。当事人可以在普通法院作出终审法律裁判后，把普通法院所依据的法律是否合宪，向宪法法院直接提出诉讼。

德国的宪法法院不仅可以就违反宪法的案件单独进行审判，有独立的宪法诉讼程序，独立的宪法判决，也可以直接对法律和法规进行审查。为了防止人们滥用诉权，随意地提出对立法违宪的诉讼，使立法长期处于不确定的状态，他们还设计了一个机制，即要求此类审查的提出者只能是联邦政府、州政府或者联邦议院的议员。

法国早期设计了一个独立的宪法委员会，审查法律是否合宪。但最早设立的这个委员会其实用处不大，因为它只负责审查尚未颁布生效的法律草案。如果宪法委员会宣布违宪，则法律不能颁布实施。但是法律一旦颁布后，即使存在合宪性的疑问，宪法委员会也无权进行审查。因此这在很大程度上只是一个防止立法机构滥用权力的震慑机构。所以在2008年7月，法国还进行了一次大规模的宪法修改，在这次宪法修改中，最重要的内容就是改变了法国宪法委员会仅进行事前审查的模式，实行事前审查与事后审查相结合。也就是说，从那以后，法院受理的一般诉讼案件中，如果当事人提出请求，认为案件所涉及的法律侵犯了宪法所保障的权利和自由，那么法院应该中止案件的审理，依据案件属性分别提交最高行政法院或最高法院进行审查。如果最高行政法院或最高法院认为确有必要，再转交宪法委员会进行审理。经过这次改革以后，公民可以对生效的法律提出审查的请求，从而使法国的宪法监督实施方式更加合理，扩大了对公民权利保护的范围。这一举措被认为是第五共和国开启了向前进步的新阶段。

从英美到德法，各个国家在宪法实施的过程中都意识到，没有一个能够监督宪法实施的机制是不行的，因此也都根据自身的情况特点设计了一套宪法监督机制。通过宪法监督实施机构对议会的立法活动、政府的行为进行宪法监督，这一制度本身就会对议会和政府形成一定的震慑力，使议会和政府在行使权力的过程中更为谨慎，不得不考虑宪法规范的存在。这在一定程度上有助于限制政府权力的滥用并保障公民权利。同时，它的存在对于公民形成宪法意识，促进宪法共识也产生一定的积极影响，使人们真真切切地感受到了宪法的温度，提高了社会公众的宪法意识和人权意识。

人类的经验总是会相互借鉴，例如韩国，试验过世界上所有的宪法监督实施模式，直到 20 世纪 80 年代韩国通过了新的《宪法法院法》，才正式确立了以宪法法院作为宪法监督实施机构。经过艰辛的探索过程，各个国家也大都找到了适合自己的方式来维护宪法权威，确保权力能够被关在宪法和法律这个制度的笼子里。

二、宪法实施机构的权力限制原则

然而要建立、完善一套完整的宪法监督实施机构，有些人不免会有所疑虑，担心这个机构权力这么大，说谁违宪就违宪，会不会凌驾于立法、行政、司法及执政党权力之上，造成一些政治问题呢？如果对立法频繁地进行宪法监督或者说违宪审查，那是不是会影响审判的效率，浪费国家资源呢？违宪审查会不会出现不公正的现象，谁来制约他们呢？少数几个专业人士是否一定比几百甚至上千位民意代表更聪明、更高明？

对于宪法监督实施可能带来的问题，并非不可避免，我们完全可以通过进一步的制度细化来解决甚至从根源上避免这些问题的出现。制度设计有条基本原则，那就是不能设计一个权力的"利维坦"，也就是不能让任何一个权力过大不受监督，因此，各国对宪法监督实施权也进行了各种各样的制度限制。

1. 政治问题排除原则。各国都把政治问题排除在宪法监督范围之外。美国不能审查的政治问题主要包括关于共和政体的保障问题，修改宪法的程序和国会自律的问题，有关外交和战争行为，紧急状态的问题等。总之，传统上属于总统或国会职权领域内的问题，联邦法院最有可能援用政治问题原则不予审查。毕竟政治问题往往有关政治判断，不宜过早作出结论，审查难度也过大且可能涉及国家利益。事实审查，也将会使其他权力畏首畏尾，无法正常运行。因此通常不会用宪法来解决变化性很强的政治问题。

2. 不轻言违宪原则，或者说推定法律合宪性原则。轻言违宪会让法律经常性地处于不稳定状态，因此不轻易地判定违宪既是国家秩序的要求，也成为一种宪法惯例。宪法实施机构必须牢牢把握这一原则，那就是只有在立法机构"不仅仅是犯了错误，而是只有犯了非常明显的错误的时候，才能宣布法律违宪无效"。

3. 不溯及既往原则。各国一般都规定，违宪审查自公布之日起生效，原则上没有溯及力。也就是说，以后这项法律因为违宪不能用了，但以前所涉及的问题就不管了。这样规定的意义在于：不易出现社会因某项曾经失效的法律而反反复复，纠缠不清。

4.为防止违宪案件数量过多，许多国家还设计了只能由某个机构，如最高法院、其他国家核心机构或者议员来对普通立法提请宪法监督的办法。

5.此外，通过普通诉讼程序予以限制，比如提出宪法诉讼必须在终审判决送达后的一个月内提出，超期了就不能再提出了；或者宪法监督机构只能对宪法问题进行判断，而不针对具体案件。这些都是防范滥权、形成制衡的有效办法。

因此，这项权力并没有想象中的那么大，许多案件因涉及政治问题和没有明显错误而被排除在宪法审查之外或被其他机构过滤掉了，不溯及既往等原则确保了立法秩序的稳定性。迄今为止，还未见哪个国家因宪法审查而产生宪制危机。

正如人民日报评论员文章所言，宁要"不完美"的改革，不要不改革的危机。宪法监督实施机制也是如此，它对于防范任何机构和个人滥用权力，维护公民权利，显然是利大于弊。毕竟宪法再美，没有实施可能也只是一个花瓶。这也是为什么全世界几乎所有法治国家都在尝试建立自己的宪法监督实施机制。

三、中国宪法实施的未来

我们介绍了世界各国根据自己的社会特点所建立起来的宪法监督

实施机制，一方面，我们不能无视各国的差异，否则将难以认清中国宪法实践的艰巨性；另一方面，也不能过分渲染这种差异性，把中国排除在世界文明之外。介绍国外经验，不代表他们什么都比我们强，我们有这个自信拥有符合人类文明的共通的东西并结合自己的国情，把那些好的经验都学来，结合本国实际鉴别吸收，为我所用，让我们中国变得更好。

中国是世界上最大的发展中国家，正在朝着社会转型和现代化发展，向着实现中华民族伟大复兴的中国梦大步迈进。在以习近平同志为核心的党中央的领导下，全面深化改革的浪潮正在也必将更加深刻地改变中国社会。对于宪法实施的问题，习近平同志明确指出，"宪法的生命在于实施，宪法的权威也在于实施"，特别是党的十九大报告中更是明确提出，要求"加强宪法实施和监督"，把全面贯彻实施宪法提高到一个新的水平。正在锐意进取的中国有纵览世界各国宪法监督制度优劣，并取其所长的优势。顺应改革潮流，乘势而上，在宪法框架下，以宪法实施为抓手，回应人民群众日益提升的要求与期待，推动中国法治建设迈向新台阶。

过去，我们的全国人大常委会下设一个专门的备案审查室，来审查是否存在法律冲突，特别是审查与宪法的冲突和抵触，但这个机构显然还没有深入人心。2018年年初，全国人大常委会法制工作委员会法规备案审查室主任梁鹰同志接受采访，专门讨论了合宪性审查与备案审查是什么关系，并指出了这个机构的未来发展方向。他说："从阶段上讲，备案审查都是后端的，属于事后审查，而合宪性审查可能既有前端事前审查，也有后端事后审查。其次，从范围上讲，目前备案审查主要是合法性审查，它的范围与合宪性审查相比还比较窄。比如，不针对法律本身，也不针对地方性法规、行政法规、司法解释以外的规范性文件。而合宪性审查的范围则扩大到法律，即全国人大常委会制定的法律、作出的决定都属于合宪性审查范围，党内文件也有可能被涵括进来。除此之外，两者在审查主体、依据、程序、方式、审查结果的效力等方面也都会有所不同。"

涉及宪法的问题在当代中国也不仅只是个理论问题，更是个实践问题。2001 年蒋韬就曾诉中国人民银行成都分行在招录过程中存在身高歧视。2004 年，因感染乙肝失去公务员录用资格的安徽青年张先著将芜湖市人事局告上法庭。2005 年，杨世建因超过 35 岁而未能报名参加国家公务员考试，提起诉讼，希望维护所有 35 周岁以上人群的"平等就业权"。"身高歧视案""乙肝歧视案""平等就业权案"虽早告一段落，但可能只是偌大中国宪法问题的一角。毋庸讳言，在一些地方、一些企业还存在着性别歧视、年龄歧视、地域歧视、疾病歧视等问题。生活中也存在着大量的没有告上法庭却有巨大争议，亟待宪法释解的问题和现象，如究竟哪些传统文化符合现代文明应当继承与发扬？哪些只是封建社会的遗毒应当予以抛弃？社会上许多思想和行为冲突的背后既是观念上的冲突，也是制度没有能力调和的冲突。这些纠纷产生的根本原因仍是转型期法律制度与法治理念尚未跟上或者说尚不明确造成的，我称之为转型空档期。这些问题的化解需要一个权威机构来作出更为明确的价值判断，从而促进人类文明与进步。法律有一个名言，那就是无救济即无权利，这是个帝王规则。大意就是说，没有设计出有效的救济措施，权利讲得再漂亮也可能是镜花水月，空中楼阁。

宪法具有高度的概括性、宣示性、包容性和妥协性等特点，决定了宪法实施的必要性、复杂性和艰巨性。坚定推动宪法落地生根，通过宪法实施对各方利益和思潮给出权威的协调与判定，这既是世界各国的共同趋势，也是中国的现实要求。宪法那么美，不能只是远观，可以说建立并不断发展完善有利于人民福祉的宪法监督实施机构，既是全面推进依法治国的需要，也是民心所向，大势所趋。近来全国人大常委会法工委作出的包括"督办函"，部门规章、地方政府规章、地方"两院"规范性文件纳入备案审查工作重点在内的一系列举措，说明了合宪性审查工作已经有步骤、有计划地系统启动。

若要宪法充分展现魅力，光有部宪法文本还不够，还要有个专门的机构来实施它。光有个实施机构还不够，还要运用符合宪法的精神和价值，运用宪法思维去实施它。

第八章

宪法思维

- 宪法思维就是以公平正义为目标，制定并遵循科学的制度，顾及人们的普遍情感，有所作为，是让社会变得更好的思维习惯和工作方式。

读万卷书，行万里路。笔者走过或调研过全国各个省份，也走过亚洲、欧洲、北美、南美 30 余个国家和地区，感受到的是，国与国的不同就像没有两个完全相同的人，没有两片完全相同的树叶，但他们还是国家、还是人、还是树叶，在本质上又是相同的。人们过得舒适富足的地方都是善于把自己的特殊之处发挥出来，而不是当作阻碍发展的借口，国情、省情、市情无论哪个"情"本身都不应该是个负面词汇。没有哪个地方注定忍受贫穷，注定不能享受生活，拥有美好生活与宪法思维休戚相关。

一、宪法思维是既不任性也不认命的思维习惯

宪法之治首先要保证人的自由与权利，这是目的、是价值，秩序

是手段。但很明显，人权的理念并非让一个人拥有绝对的自由和权利，而是行使自己的自由和权利以不损害他人的自由和权利为限。因此我们说，宪法思维首先要求不能任性，不是想干啥就干啥，法无禁止才是自由。

其次，宪法思维也要求人们不能认命。不是简单地对社会进行解释说明，更不是对不合理、不平等、不公正的现象予以简单认可；绝不会把社会看成僵化不变的，更不会轻易得出"生在此地，命该如此"的结论，而是把现实中遇到的每一个问题都当成社会进步的契机，在肯定人性的基础上，推动社会向前进步和发展，以可预期的制度的治理方式着力使人权得到保护，使人们生活得更加幸福。中国社会进步应避免"岳母思维""务虚思维""保守思维""对立思维"四种思维习惯。

（一）社会进步应避免"岳母思维"

有一次，我们全家出游，艳阳高照，在海边玩的时候，我就要给孩子抹点儿童防晒霜，岳母说防晒霜含有化学物质，对孩子身体不好。可是不抹，阳光直晒，对孩子皮肤也不好。宝宝跑步玩耍，岳母说别跑，容易摔着了，但奔跑是孩子的天性，怎么可能束缚她的手脚不动呢？结果是，孩子该抹防晒霜还是抹了，该跑还是跑了。但岳母还是要说。类似"岳母"的思维习惯很多人也有。当做一件事时，总有人如同"岳母"抓小放大，把责任推给别人，彰显自己的"远见卓识"。当改革时，他说影响稳定；当说民主法治好时，他说有弊端；当治理污染时，他说会影响经济；你说雾霾不好，他说可以防止导弹来袭……作为一个理性人，大家都知道，做件事一定会产生一些负面的问题，但必须要进行利益衡量再作出一种相对理性的选择。用"岳母思维"来看，天下没有能做的事，人类社会也不会有今天的进步。"岳母思维"也是一种推卸责任的思维方式，是一种"看当时我说对了吧"的旁观者心态，是典型的不作利益衡量的非理性的思考方式，这种思维习惯使得"在中国什么事情都不简单"。批评是人类最简单的语言，因为凡事都有两面性，而构建才是人类最理性的语言，当我们说一种做法不行的时候，我们应该思考哪种做法可行，不然在中国就会动辄得咎，我们这几代人负有推动中国社会成功转型不可推卸的责任，构建才是公民社会应该具有的理性。这就是为什么我们要提倡宪法思维，因为宪法思维是正向地、积极主动地思考问题，并以拿出解决方案为思考的目标。为此有必要向"岳母"道歉，如果因此我们变得更加理性，相信"岳母"也会希望看见。

在一些人眼里，一提到增加赔偿或者罚款，就会说，先管好政府自己吧，就是想多罚点钱。这句话前半句有道理，政府正人先正己，必须以身作则，否则会让人觉得法律都是给老百姓定的，因此这是前提、是关键。但不意味着社会就不需要管了，罚款并不是为了增加政府的财政收入。政府管理人员不是天使，我们这些普通老百姓也不是天使。想一想，在古代社会是没有红绿灯的，没有车的地方人们随便走，走惯了。有了红绿灯后，包括开汽车的人在内都不是很适应，于是在没看到行人或者有机会的时候，经常出现汽车闯红灯情形。但是随着电子眼的发展以及规则的细化，有电子眼的地方没有车再敢闯红灯了。而这样显然对于行人和车辆来讲，都安全了很多，久而久之，现在开车即便没有电子眼，也可能是我们不知道有没有电子眼，也不闯红灯了。光明网报道有个地方住着数万名村民，道路两侧唯有一个红绿灯，20余个路口既无红绿灯也无人行横道，调查显示11年来至少夺去50人的生命。当地交管部门辩称："县里无权在省道上设置红绿灯。"没有红绿灯就如同没有制度引导，人们就会没有秩序，损害的既是开车人，也是行路人。所以我们说，不是为了罚钱，只是增加人们违法的成本，在违法成本高的情况下，违法率就会降低，说白了，他要闯红灯，也要掂量掂量是不是值得，从而逐渐纠正我们生活中的坏习惯。

再比如大家都说"中国式过马路"，"中国式过马路"真的只是中国特有，无法改变的吗？不是啊！为什么一些国家有人闯红灯，而另一些则不闯？为什么中国人到了一些国家就不闯了，而到另一些国家还闯？我就遇到了这样一个情况，当年在德国的时候，当我准备过街前突然变成了红灯，我正想三步并作两步迈过去，这时候有一辆车加速向我驶来，我就退回来了。我就研究了，他怎么敢加速向我驶来？一研究发现虽然立法上没有规定撞了白撞，但有判例，这种情况下车不承担赔偿责任。如果我被抓住了闯红绿灯，我的信用体系受损，将来贷款的利率变高，保险利率也会变高，人家会说你比别人更不爱惜生命。而在我国，我们看似保护了闯红灯人的权利，但实际上不但影响交通的效率，还会导致更多的人因此而受伤或者丧命。我家姑娘看到在发达国家过人行横道车都给行人让行，她问我，爸爸咱们国家的人行横道有啥用？我们看到，那些机动车在人行横道让人的国家和地区，法律和判例明确了这种情况撞到人要巨额赔偿。人们的素质是通过一系列的有效制度逐渐调整的，而不是天然的。我们为什么会闯红灯？想想不就是因为得到了效率而不受任何惩罚，节省了时间同时没有任何成本，对于一个理性人来讲很可能做出这种抉择。我们的制度在一步步修正，比如信用体系的完善，这些都是为未来完善制度做准备。让违反规则的人受到惩罚有助于整个社会不去破坏规则，最终则保护了更多的人的利益。一个法治社会，闯红灯，睁着眼睛也可能被撞；过绿灯，闭着眼睛也会安然无恙。能不幸福吗？

（二）社会进步应避免"务虚思维"

批评是典型的负能量，但一味表扬，对问题视而不见同样不是正能量，正能量是基于事实的反思，对于同样错误不再犯。

纵观历史，人们自觉地挑战现实并将之付诸实践，才促成了人类社会的不断进步。马克思的墓碑上赫然写着，"哲学家们只是用不同的方式解释世界，而问题在于改变世界。"发展必然带来问题，有问题不可怕，可怕的是没有敢于面对问题和解决问题的勇气和尝试。宪法思维和法治方式是一种提出制度性方案的思考方式和解决方式。比如要盖一座大楼，一种思潮认为，这是资产阶级自由化，不能盖；一种思潮认为，这是社会主义现代化，必须要盖。争论不休，最后不了了之。这不是宪法思维。宪法思维首先要考虑盖这座大楼是否出于工作考虑，是否十分必要，有没有地、有没有资金等。然后细致谋划，踏实工作。习近平同志多次强调，问题是创新的起点，也是创新的动力源，多次强调："要有强烈的问题意识，要以重大问题为导向，抓住关键问题进一步研究思考，着力推动解决我们发展面临的一系列突出矛盾和问题。"宪法思维正是通过制度的变革来解决问题、干事情、促发展的思维习惯和行为方式。法治的检验标准很简单，是否切实地促成了社会的发展，既不是固步自封，停滞不前；也不是空对空的一味反对，啥也不做。而是需要人们提出可行有效的办法，切实解决现实问题。"空谈误国，实干兴邦。"

笔者曾多次介绍清末的"恭倭之争"，倭仁身居高位，不思进取，用务虚代替务实，影响社会发展，实为历史的罪人。当然法治不一定能够迅速地解决所有问题，却是解决所有问题的主要抓手。如果我们回到让我们和我们的子孙后代都能够变得更好的愿望上来，我们就会更愿意找到解决不合理问题的办法，进而使我们的生活变得更加简单、更加舒适、更加具有可预测性。

（三）社会进步应避免"保守思维"

还有一种非理性的思维方式，是典型的保守思维。这些人无视中国人通过短短的四十年努力所取得的伟大成就，认为，中国就是这样了。或者遇到困难后认为历史上才是最好的，又想回到过去，或者把这些年来所取得的成就归因于历史，忘记了强弱并非简单依赖于自然选择，而是源于对社会规律的尊重，改革开放把人的积极性调动出来了。

我们回顾人类社会的发展，每一次社会进步正是对现状不满并改进的结果。过去洗衣服都手洗，太累，就发明了洗衣机；还需要甩干，就发明双桶洗衣机；还嫌太麻烦，就发明全自动洗衣机；发现洗得不太干净，最后发明更容易洗干净的滚筒洗衣机。社会也是如此。

人生下来就有尊严感，就希望平等对待，这是人天生的品质。今天很多人说平等都是假的，没有真正平等的国家，没有真正平等的社会，这话对，也不全对。毫无疑问，由于各种原因造成的不平等是普遍现象，但是一个现代文明国家绝不是要认可赋权上的不平等，而是要逐渐打破这种不平等。把一个又一个不平等打破了，这个社会就会逐渐公平了，这才是现代国家应该做的事情。有些人很悲观，认为中国几千年专制史，很难改变。考察人类更为漫长的古代社会，自由、平等、民主在原始社会即已印刻在人类实践之中，任何一个民族都有自由、平等的基因。许多顽障痼疾都不是我们天生的，更不是不可改变的。裹脚为美不一度也认为是传统，也轻易地就改变了吗？正如新的肯尼亚宪法规定的那样，与现代文明相一致的传统要保留，不一致的要摒弃。

有一个公式：发现问题——寻找制度突破的办法——试错——解决问题，生活就会变得更好。

宪法思维的目标是使我们生活变得更好，需要首先去发现问题，从制度上寻找解决的办法，谁也不能保证办法一定可行且解决问题，故此还需要试错。要让那些勇于担当和负责的人，只要不是故意或重大过失，不应追究责任。关于权责问题，笔者认为有权无责必滥用，有责无权必惰政。有权有责才是正常状态，试错并找到解决方案，问题得到了解决，我们生活的社会就会变得更好。

(四) 社会进步应避免"对立思维"

对立思维也不是一个现代文明社会应该拥有的思维习惯。对立思维首先不利于安定团结，人们容易走极端，你死我活，最终谁都活得挺坎坷。其次，对立思维也不利于创新创造，对立思维更容易墨守成规，难以涌出新思维，作出新决策。现代社会更多的是包容、是和谐、是妥协、是合作。一旦侵犯了个人的合法权益，交给法律去处理。国与国的关系也是如此，竞争与合作是常态，从竞争与合作中寻求自身利益的最大化是理性的选择。更不能把外部矛盾变成自家矛盾，外头没打起来，自己人先干起来了。

中国社会正处于转型时期，往前走还是往回走本来不应该是个问题，坚定不移往前走，需要我们既不能"任性"，也不能"认命"；"任性"无秩序，"认命"无进步。

二、宪法思维是依靠制度来解决问题的思维习惯

社会纠纷的源头在于没有解决"凭啥"的问题：凭啥要排队？凭啥不能随地吐痰？凭啥要让座？凭啥不能抽烟？凭啥警察必须要管老百姓的事？有问题"凭啥"不解决？人们的惰性、自利性就很容易占据上风。让人们普遍遵守规则，除了执法者要有合法性和权威性，还要解决"凭啥"的问题。所以没有制度干啥都不行，但不是什么制度人们都会去遵守。

(一) 没有制度干啥都不行

网上有个段子叫"潘金莲的砒霜，武松的刀"，说的是潘金莲本来是张大户家的丫鬟，张大户想娶为小妾，自古美女爱帅哥，这是人类对美的自然追求。英雄救了美女，美女一看是帅哥，通常就说"无以为报，自当以身相许"。一看特别难看，就说"无以为报，来生再做牛马"。当然这是个玩笑，可是对美的欣赏确实是人的共性。潘金莲誓死不嫁大腹便便的张大户，张大户便把她许配给比自己长得还磕碜的武大郎。试想，如果有现代人权保障制度和婚姻制度，潘金莲就不会被迫嫁给武大郎；如果有现代离婚制度，她也完全可以选择法律途径离婚而不需要用砒霜来谋害亲夫。武松本来锁定了犯罪嫌疑人是潘金莲和西门庆，并希望通过法律途径解决问题，可是西门庆和县官是朋友，县官拿人钱财，替人消灾，妄图不了了之，没能发挥司法制度消解不满的重要作用，结果武松不得已选择用暴力来解决问题。历史上的悲剧往往都是制度缺位造成的。

几年前，我曾经到过一个小城，早晨走在一条小路上的时候，遇到一个人正在遛狗，狗身上没有系任何绳，狗随便跑，突然咆哮着向我扑来，我一脚就把狗踢一边儿去了。这时候狗主人跟我说："这么小的狗都踢它，咬你一口怎么了，我有钱，我赔！"我这时"怒从心头起，恶向胆边生"，几种"思绪"迅速在脑海中盘旋。第一种解决办法，干仗，这是原始社会以眼还眼、以牙还牙的暴力思维方式，两败俱伤或打不过怎么办？后来冲动被压制住了！第二种解决办法，找他们领导去，恰好这个地方的领导我认识。这是熟人社会政治思维，我的问题或许能够得到解决，但那些不认识领导的人遇到这种问题怎么办？我的子孙后代如果还生活在这个城市，他们不认识领导怎么办？只能忍受这样的语言暴力，使自己痛苦或者与人干仗吗？这时候我回想到，在北京也遇到过这种情况，那个邻居虽然明显很不情愿，但也道了歉，而不是这么有底气地讲"咬你一口怎么了"。在德国，牵狗的人通常很谨慎，决不允许这样的情况出现。但是这个城市里的人为什么这么有底气呢？事后我了解，这个城市没有养犬管理的细化规定，人们在公力救济不明确时，难免自己制订个"法则"。而在北京我之所以得到了道歉，是因为那个邻居知道那么做是不对的，大家可以随处看到关于养狗的一些提示。而在德国如果被狗咬一口，"发财的机会就来了"。所以说并非人有多大不同，关键在制度。

还有一次我在机场赶飞机，两个小伙子并列站在扶梯上堵住了道路，我因急于登机，请他们靠右站立。其中一位小伙子问了一个非常好的问题，他问"哪写着呢？"这个问题问得特别好，比"凭啥"更进了一步，潜台词是，如果有明确的告知，我可以向右站立，否则你没权力管我。当然小伙子嘴上虽这么说，行动上却也给我让路了。北京机场还是很给力，我发现扶梯右侧确实写着请靠右站立，我指着字朝后面的小伙子说，"你看，这写着呢！"从这些事情中我们可以看出，在生活的方方面面，即使是很小的一个点上，如果没有制度的调整，难免产生纠纷和争论，难免有戾气，难免不和谐。

我们说的宪法思维，就是要从这些表面现象分析入手，找出其背后的深层次的原因，设计出一套规范的、行之有效的制度，在根源上解决问题，避免类似情况的发生。大到国家治理，小到百姓生活，都是一个道理。

我乘坐公交车的时候，照过一张照片：老人站着，坐黄座的人不约而同地把脸朝向了窗外，或者玩手机。为了抢座位，生活中不少为此起冲突的事件发生。有个女孩到了生理期很累，没给一个老太太让座，老太太在公交车上骂了十分钟。有一个老人拿着残疾证给年轻人看，年轻人以为他要钱，结果没搭理他，老人一下子把年轻人拽到旁边。有人说"人心不古了"，有人说"坏人变老了"。我们不评论谁对谁错，只是我们看到纠纷产生了，社会有矛盾了，这不是我们希望见到的社会状态。我们要问：什么情况下能避免这种纠纷？每次上公交车，都会听见把座位让给老弱病残孕的广播提示，地铁上说请把座位让给"有需要的同志"。我站着上了一天的课，我不就是有需要的同志吗？"有需要"如何判断？一个年轻人，但他可能有特殊情况，他可能生了重病，难道不能坐吗？各有各的立场，争议就此产生了。有些国家和地区之所以没有类似的纠纷，根本原因是他们的规定很细致，黄座在没有老幼病残孕的时候谁都可以坐，但是一旦有了就必须让，不让要承担赔偿责任。而黄色座位数量也有规定，一般是车上座位数的三分之一左右，而其他的座位你完全可以不让，让与不让是你的自由，当然，让座也很值得鼓励。通过制度细化调整每一个可以想到的利害关系，帮助每个人作出恰当的预期和判断，所以没有矛盾。大多数纠纷都不是依靠道德或者人们的自行判断和取舍就能够避免的，还需要法律作出更明确的利益衡量。"互相照顾""互相谦让"这些词的适用正是因为立法怠于做出有效利益调整。

其实，今天所有看起来彬彬有礼的国家，都不是生来如此。欧洲人、美国人、日本人天生就会排队吗？那是因为有制度来制约他们的行为。比如日本规定，在公共场所插队、制造噪音妨碍近邻安宁且不接受公务员制止，在公共场所吐痰、大小便者，或让人吐痰、大小便、在公共场所举止粗暴、制造麻烦等都要受到法律的严厉制裁，最高可罚款相当于6万多元人民币。为这点小事被罚那么多钱不值得啊！所以人们就自觉地遵守规则，大家都规范自己的行为，整个社会不就好了吗？

在北京的一公园看到一幅标语，"提高降噪意识 保护优美公园"。讲得多好啊！有趣的是，晚上就在这个标语的附近，跳舞、唱歌者比比皆是。标语写着提高降噪意识，但人们就是不听怎么办？如果规定这样做违法，并处以罚款，对于公民而言，与其罚款，不如上KTV去唱，这事就解决了。

我们看到一些人到外国旅游，大人、小孩随地小便，人家嘲笑我们，但我们确实没有从法的层面来禁止过这样的事情，也不知道他们有法律禁止这样的事情！北京发布了最严"禁烟令"，有一次我在北京南站，看到一位男士躺在长椅上吸着烟，我告诉他不能在室内吸烟，他很鄙视地看了我一眼继续抽他的烟，我随后就打电话报警了，警察来了，制止了他。这正是由于北京有"禁烟令"，我才敢制止他，否则我的这个行为最终导致的不是大吵一架，就是大打出手。所以我们向现代化迈进，核心仍然是设计好制度来解决存在的问题。

胡适曾说，一个肮脏的国家，如果人人都开始讲规则而不是谈道德，最终会变成一个有人味儿的正常国家，道德自然会逐渐回归。一个干净的国家，如果人人都不讲规则却大谈道德，人人都争当高尚，天天没事儿就谈道德规范，人人都大公无私，最终这个国家会堕落成为一个伪君子遍布的肮脏国家。简单要求自律通常都是制度漏洞较多时采取的一种策略，在历史上效果一直不明显，特别是统治者自己通常都做不到。遵从符合人们普遍利益的可预期的制度而不是人治社会的"灵光一现"，已经成为现代社会治理的主要方式，被认为是人类社会利益最大化的选择。

以前的环境保护法，有一些地方不科学，比如某件事只规定限期三个月整改。结果调研的时候发现很多地方这么做：环保部门说限期三个月整改，环保部便去挂牌限期三个月，三个月之后又挂牌，循环反复自己挂牌，目的是自己免责，但是污染问题根本没有得到解决，所以新的环境法修改了这方面的规定，不整改按日计罚，这就是制度。如果制度不科学、有漏洞，就很容易让人钻空子，所以首先要有智慧把制度上的漏洞补齐。

再谈谈失业救济。一些国家在失业救济上的做法兼顾了平等权与社会公平。一个人失业了，国家提供社会保障，但失业者在领取失业救济之前，必须到职业介绍机构登记，表示愿意接受职业介绍机构提供的就业机会。在领取失业救济期间，失业者必须定期报告求职情况，并且要按照当地失业保险机构约定的时间面谈或面试，否则将被取消领取资格。从三个月到一两年不等，国家提供一个职位，这个人觉得不适合自己，调整后又提供了一个职位，这个人还不愿意去干，那么他将真的失业，国家将不会继续提供社会保障。同时，失业救济金逐步递减，以促使失业人员重新就业。比如，法国规定，失业救济金初始标准为日基准工资的57.4%，其后则每四个月调低一次。此外，国家还采取一些措施鼓励失业者再就业或从事临时性工作。日本规定，失业保险金支付期限为 300 天，但如果提前重新就业，其剩余支付期限在 200—300 天者，可继续领取 120 天的再就业补助金；剩余支付期限在 150—200 天者，可继续领取 70 天的再就业补助金；如果失业者在其失业津贴领取期结束前 100 天或还剩一半的时间就找到合同在一年以上的相对稳定的工作，则可继续领取 30—120 天的再就业补助金。宪法思维不鼓励不劳而获，而是希望社会公平基础上的平等。

（二）不是什么制度人们都愿意去遵守

生活中我们存在大量制度，但许多制度人们并不愿意遵守。这是什么原因造成的？科学的制度需要哪些条件？

1. 民主立法

所谓科学立法就是每一个利益群体都有机会表达自己的利益诉求并进行博弈。我们知道，所有人都是自己利益的最好判断者，哪种利益在法律制定中缺失了，哪种利益就可能得不到保护。

马克思说过："人们奋斗所争取的一切，都同他们的利益有关。"毫无疑问，自己才是自己利益的最好维护者。只有老百姓或者其利益的代言人能够参与到立法决策中来，他们的利益才能有保障。因此，我们说，民主立法是科学立法的前提。民主制度不但确保当事人的利益得到关注，而且确保立法者敢于做出利益衡量，敢于拍板。当然，民主也不一定会带来繁荣和正确，民主也需要以某种形式加以规范和制约，比如间接选举、司法中立等。否则如同希腊等国家那样，民众宁可国家破产也绝不减个人福利之分毫，显然这种结果对于一个国家、最终对于每一个公民而言都是不幸的。

2.必要性原则

在一个地区的海边，这头是大海，那头是大学和大量的住宅区，人们想穿过铁路去看海是很自然的愿望，这是正常人的愿望。而不穿行铁路需要绕大约两公里的路。铁路边上有一个标语牌——"严禁穿越铁路"，但每天至少有数以千计的人穿越了这条铁路，为什么人们选择突破制度？为什么要走捷径？因为这个规定不合理，这时候应该设计出一条地上天桥或地下通道，凭什么让人再走上千米的路才能穿越到海边？有人说，我天天派人看着，穿过就罚100元，这下没人敢穿了吧？没错，但人们就会怨言四起，执政能力就受质疑了。更坏的是，人们会渐渐地不再相信规定、法律，这对法治国家的损害就更大了。

生活中有大量的"严禁""不得""禁止"，但这些规定许多是可以用很合理的办法来解决，是可以用"地上天桥"或"地下通道"这样的疏导式的办法的，但一些地方为了避免麻烦，并把自己的责任排除在外，偏偏选择了"禁止"。法治希望用疏导的办法便不用禁止性的办法。

没有必要，勿增权力，这也是一条法治原则。这个"必要"应作严格解释。制度设计首先应以方便群众为原则，如果没有增添利益，却增加了群众的负担，宁肯不要设计。制度设计不当，不仅增加百姓负担，也会增加管理者的负担。每一项立法或者每一个措施其设计和实施都应该更有利于保护公民的自由与权利，提供更多的方便，这样的制度也会得到更多的拥护，更容易得到遵守。根据立法法，没有法律或者国务院的行政法规、决定、命令的依据，部门规章、地方政府规章不得设定减损公民、法人和其他组织权利或者增加其义务的规范。

3.比例原则

比例原则要求政府使用权力而造成的不利影响应被限制在尽可能小的范围和限度之内，应符合适当的比例。简单来说，不能拿芝麻换西瓜。有一个县禁止在占道和流动摊点买菜、就餐等购物行为。为此还成立了督查组，对违反规定的行为采取暗访抓拍、街道巡查等方式进行专项督查。结果有几名教师在此买菜而被通报，舆论一片哗然。李克强总理曾经引用过这个谚语，对公民而言，法无禁止即可为。任何一项地方性立法都不能违反宪法的精神和法律的规定，不能以秩序为借口肆意干涉公民的生活，否则不满的情绪一定会聚集。

有一个小旅游城市，进出城方向有八车道，车辆稀疏，结果限速40千米／时，每隔几十米就有个监测器，当然你可以说，进出城要保障市民的安全，但这种做法不符合法律设计的比例原则，不是最优化的利益选择，结果很多当地人仍然选择以前的小路出行，许多外地人在这条路上因超速被罚，对这个旅游城市很有意见。除非出于公众的意愿，且确实能够得到更大的公共利益，否则不要轻易减损公民的权利。权力不能滥用，并非说权力不能使用。有限且有效才是现代政府行使权力的最高境界，而二者恰恰是有机统一的。什么都管的政府很难把精力集中在最关键的问题上，也很难保证有效行使权力。中共十八届三中全会提出了"三个一律"的刚性要求，以推进政府放权：

放权给企业，即深化投资体制改革，除关系国家安全和生态安全、涉及全国重大生产力布局、战略性资源开发和重大公共利益等项目外的企业投资项目，一律由企业依法依规自主决策。而这正是法治的初心所在。放权给市场，即市场机制能有效调节的经济活动，一律取消审批，对保留的行政审批事项要规范管理、提高效率；放权给社会，即直接面向基层、量大面广、由地方管理更方便有效的经济社会事项，一律下放地方和基层管理。

4.制度具有合理的引导性

2011年我作为洪堡学者从德国访学回来，刚回来特别热衷于收集矿泉水空瓶，媳妇还劝说不要收集了，浪费家里的空间，我还劝说夫人要有点环保意识。结果拎了一袋子空瓶走了很远的路到废品站去卖，卖了不到两块钱。后来再没有攒过矿泉水瓶。回想德国人为什么攒矿泉水瓶，甚至还出现过同时两个人去捡一个空瓶的情况。一方面可能在德国环保意识灌输得好，但更重要的是在德国一个矿泉水瓶0.25欧元，矿泉水瓶和水几乎一个价，10个瓶够吃顿简餐了。而且每个超市都有一个矿泉水瓶回收机器，把水瓶放入机器内一扫，就会吐出一张可以变现的纸条，直接可以在这个超市购物。所以在德国街道上捡到矿泉水瓶就是捡了个宝。这样的激励措施才更有助于引导人们做出社会所希望的事情来。

两侧车辆向一条路会车的时候，法律规定左让右，还要求互相谦让。但是我开车上班遇到这种情况时，几乎没有人与我谦让，多数都是"狭路相逢勇者胜"，谁先过去后面的就让一下。我在课堂上多次介绍过德国拉链式会车的方法，拉链式交替前行，谁没让谁负责，这种走法效率最高。目前北京市石景山区已经有这种走法的试点。

2017年10月20日，北京市首个"拉链式"交替通行入口正式在石景山区试点，区域为阜石路杨庄东桥以东300米西向东入口处，排队进入主路的车辆需按照左侧先行的原则交替行驶。今后，这种交通组织形式还将逐步在全市范围内进行推广，并利用科技手段对违规行驶的车辆进行处罚。

科学的制度促进社会形成良性预期。我曾写过一篇文章，在文章里讲了个小故事，说阿拉伯有个王子有一匹好马，商人看中之后想买，王子不卖，商人就假装躺在地上，王子去下马扶这个商人的时候，商人越马而上，扬长而去，王子就在后面追商人，说马可以归你，但是请你千万不要告诉别人你是怎么得到了这匹马，商人下马之后问他为什么，王子说如果这样的话在我们这个国家里无人再敢扶人。

我们看到，杭州已经制定《杭州市文明行为促进条例》，规定被撞老人要承担举证责任，如果确属讹诈，那么老人要承担赔偿责任。这么做的好处是制度保障以后人们敢于扶老人了，不怕被讹诈了。许多国家刑法还规定，"意外事故、公共危险或困境发生时需要救助，根据行为人当时的情况急救有可能，尤其对自己无重大危险且又不违背其他重要义务而不进行急救的，要予以1年到5年不等的刑罚并交罚款。"法律的制定者必须要勇敢地作出明确的利益衡量，作出对社会更有利的决定，确保做好事有好报，做坏事有惩罚，使人们形成良性预期，以期让我们生活的世界变得更好。

5. 不能朝令夕改

人类社会在有制度后迅速发展，包括我国战国时期，哪个国家先变法，改变刑不可知、威不可测的传统，哪个国家发展得就快。法治的规范性使人们形成了明确的认知，促进人们心往一处想，劲往一处使。制度的力量正是来源于它的规范性。但是在生活中，有一些规则随意性太强，缺乏规范性。有一幅漫画，讲的是一个地区的一条路上频繁修改限行规定，一会儿20千米/时、一会儿40千米/时、一会儿30千米/时、一会儿60千米/时、一会儿80千米/时，所以漫画配的文字说：走在这条路上要注意好节奏。制度设计得不好，人们要么突破制度，要么怨声载道，这都不是宪法要实现的目的和状态。

"朝令夕改"这个典故是怎么来的呢？西汉政治家晁错，得到汉景帝信任，号称"智囊"。景帝即位后，他任御史大夫。晁错所在的西汉文帝统治后期，官僚、地主、商人不断加重对农民的残酷压榨和剥削，大量农民破产逃亡，生活极端困苦。晁错看到这种危机现象，为了维护西汉王朝的统治，上书文帝，这就是著名的《论贵粟疏》。在这篇奏疏中，他提出奖励粮食生产，打击商人投机牟利政策。他说，农民终年辛勤劳苦，不得休息，还要遭受水旱灾害和各种赋税的盘剥。而且这些沉重赋税的征收没有一定的时间，往往很突然，早上的规定，到了晚上又改变了。这样变化无常，逼得有粮食的农民只好半价出卖，没有粮食的只好借高利贷。农民被迫卖地卖房，卖儿卖女，以此还债。汉文帝看到晁错的上书以后，接受了他的建议，采取了一些措施，使农业生产有所发展，国家的经济有所增强，当时的阶级矛盾有所缓和。这就是"朝令夕改"的来历。

法治社会要求制定的规则不能朝令夕改，因为这种做法会极大地影响制度的稳定性和延续性。关于公厕，有一个很有意思的现象。我曾在一个公园里看见一个提示牌："前方500米有洗手间"，看到这个牌子就有想上洗手间的"冲动"，结果到了500米，看见洗手间的大门紧锁，而它的侧墙劣迹斑斑，到处是大小便的痕迹，我就开始考虑人们的心理与制度的关系。既然告知并设立了厕所，人们就会形成可以在那上厕所的预期。结果到了厕所发现大门紧锁时，合理预期不能得到实现，就会有人突破社会管理的期望。肯定不是到这来的人都随地大小便，但只要一部分人这样做了就不是社会管理所希望的状态。随地大小便只是一种形式，合理预期的频繁打破一定会对社会管理造成负面影响。在一些地方，对于外来投资，后官不理前账，这种做法严重损害了政府的威信，使政府丧失其公信力，继而影响到当地经济的可持续发展。习近平同志曾经指出："决不能为了所谓的'政绩'，一件事还没落实，又要朝令夕改。"当然，不能朝令夕改不意味着保守不思进取，还要着眼于当今时代的发展变化，不断推进创新。习近平同志讲："朝令夕改是有害的，故步自封也是一种失职。"

6. 公开透明

阳光是最好的防腐剂，路灯是最好的警察。凡是透明的办事程序，众目睽睽之下，办坏事的概率就会降低。我和孩子玩游戏，孩子拿着一个球，藏在身后，问我哪个手里有球。我说左手她就偷偷把球放右手；我说右手，她就偷偷把球放左手。孩子妈妈说，孩子要诚实！我问孩子妈妈，你儿时从来没撒过谎，完全诚实吗？孩子妈妈拍着胸脯说，我小时候绝对诚实。我说，你可知道，社会学研究发现不会撒谎的孩子不聪明。我并非不支持孩子诚实，诚实是一个绝对让人走得更远的好品质，我也经常提醒孩子诚实的重要性。但我们也知道，在生活中，即便是成年人，也很难做到遇到好事不夸大事实，遇到坏事不缩小事实，做到完全的诚实。而历史上作为道德楷模的皇帝大臣们信誓旦旦地号称诚实廉洁，但事实并不都是如此。我们看到，一个孩子都知道利用不透明做出与己有利的事情，何况成人？面对人的自利本性，我们靠什么？唯有靠科学的制度和合理的程序设计。我们今天几乎方方面面都要求公开，但一些领域一些地区的公开与我们所讲的公开还有一定的差别，许多地方的公开是宽泛的公开，由于没有公开的细节，即便是这个领域的人也很难进行有效的监督。公开不到位的地方可能就有猫腻在，恐怕未来还有进一步细化制度的必要。

7. 不能自己做自己的法官

"不能自己做自己的法官"是宪法思维的另一支撑性原则。如果把自己既设计成运动员又安排成裁判员，还有别人赢的份儿吗？自己做自己的法官不会产生普遍的公信力，对制度设计者而言也并非是好事。几年前，笔者曾经帮忙审读一个城市的规范性法律文件并提出意见。其中之一写着法官一定要出现在拆迁的一线。他们的意思很明确，希望让百姓明白，这个拆迁已经走完了全部的法律程序，合理合法，赶紧拆了，就不要再自找麻烦了。可是人在这么大的利益面前，岂能是一个法官站在那里就能解决问题的？这样的文件如果真的实施，老百姓就明白到当地法院起诉肯定没戏了，要找就要往上告，这不是宪法思维。很高兴该市接受了笔者的意见。笔者曾对信访制度做过调研，信访制度一度被认为是当前司法境况下不得不为的制度，但它是否真的使社会更加公平，一直是个引发争议的问题。调研的结果是"自爱"是人的本性，即使司法公正，只要在司法制度之后有持续的信访制度供给，上访的行为就不可避免，案件无论公正与否都会陷入无休止的争议中。当然中国社会现在已经在改革，促使司法机关成为社会公正的最后一道防线。

笔者写过一篇法治化解拆迁纠纷的文章，当时提的建议现在很多已成为现实，不过还有一条没有成为现实，因此把它单独拿出来。我们知道拆迁所涉及的费用巨大，如果政府或者企业仅仅找了一家第三方进行评估，那么两方串通的嫌疑就比较大，因此有的国家规定当事人再找一个第四方评估，如果第三方、第四方评估出的金额差距过大，起诉到法院，法院再找第五方，这是最后一方，法院基于好几家评估作出最终的判断。举这个例子要说明的是，宪法思维始终期望制度设计尽量避免自己做自己的法官带来的不公平和后续产生的社会问题。程序设计公平了，人们对于结果就会比较认可。再比如有些国家设计一些中立的监察专员居中主持调解社会矛盾，这往往比政府出面更管用，几方相互表达观点后，居中者提出自己的看法，更容易得到各方的认同，这就是第三方的力量。

8. 制度能够实施并得到有力的保障

制度对人的行为调整不能不痛不痒。比如旧食品卫生法惩罚的力度很小，食品卫生问题就很多。环境保护管理制度不合理，现实中就出现了很多虚假执法或者不执法的情况。在我们的日常生活中经常看到满地的矿泉水空瓶，这在德国几乎没有看到过。为什么呢？我们一个矿泉水瓶 4、5 分，多的 6、7 分，一大兜子才一块多钱。而德国，一个矿泉水瓶卖 0.25 欧元。回收矿泉水瓶的操作也很简单，把水瓶放入超市回收机器内一扫码，就会吐出一个变现的纸条，直接可以在这个超市购物，所以德国街道上有矿泉水瓶就等于捡到了宝，这样的激励才会有效。

最近看到一则报道，在国内随地吐痰的中国人在新加坡不吐了。一方面我们国人素质提高了，更重要的是人家新加坡真敢罚啊！乘坐公共交通工具时饮食，罚款 500 新元；违规吸烟，罚款 1000 新元；烟灰掉在地上，也会被处以 1000 新元罚款。如果违规吸烟罚将近 5000 块钱你还敢吸吗？

如果不设计救济程序，所有的规定都是"银样镴枪头"，好看不管用。话说得再漂亮都没有用，关键看制度给没给予充分的保障，责任是否落实到位。当然，这个责任要权责相一致。司法制度是否有效是检验救济制度有效与否的重要标志。我们以前去有的机关办事，对方不符合程序或者额外增加义务，经常听到"你乐意去哪告去哪告"，言外之意是他根本不怕，原因很大程度上就在于救济制度不给力。当然现在这种情况少多了。所以我们说无救济即无权利的原则是个帝王规则。

因为战乱，中东有大量的人跑到欧洲避难。有些避难的人需要从俄罗斯边境逃到挪威去，俄方这边禁止徒步越境，挪威那边不能没有合法手续开车入境。这样就有个漏洞，没有规定不能用自行车。于是就产生了一个新兴产业，在俄罗斯边境这一侧，大量的中东人在这儿买自行车，然后骑着自行车到挪威，到了挪威之后把自行车扔了。由此可见，如果制度有漏洞人们就很容易去寻求制度上的漏洞。如果立法者都不愿或不能做出有效的利益衡量，作出明确的利益选择，而期待执行者毫无偏私地公正地执行，这在人类历史中从来没有普遍实现过。

当然，制度的调整还需要一定的时间，首先要做的是经过深思熟虑和广泛调研，把制度建立并细化起来。虽然即便当时考虑得很周详，后期实施中也会出现这样或那样的问题，再辅之以有效的执法方式，公正的司法途径不断纠偏，甚至再次修订法律，从而实现良法善治。

三、宪法思维是系统化的思维习惯

宪法思维是一种系统化的思维习惯。在日常的制度设计中，我们会发现，制度设计没有"一招鲜"，制度设计中也几乎没有"全垒打"，几乎没有制度能够设计成全是好处、没有一点问题。因此理性的制度设计只能说两害相较取其轻，两益相较得其重，寻找到一个利益更大化的选择。观察社会现象可以有四问：第一问，源头是否有失？也就是制度上有没有漏洞，激励是否有效？惩罚是否有力？第二问，执行是否能够形成普遍的预期？也就是执法后是否对人们起到了普遍的规范作用。第三问，裁判者是否给人们形成了公正的印象？第四问，宣传是否促进了法治意识的形成？

举个例子，许多城市纷纷"禁摩限电"，引导人们遵守包括交通规则在内的规则是好事，现实中摩托车、电动车不按照交通规则行驶确实产生了很多交通问题，但不能没有出事就放手不管，遇到事就全面禁止，这不是法治的思维习惯。这种做法简单粗暴，一般无法长期实施，因此通常都与运动式执法相伴相生，搞一阵，以后大家又都随便了。这种做法不但不会达到预期的目的，影响社会经济发展和人们的幸福指数，更为严重的是给了人们一种认知，法律原来也就那么回事，这是非常坏的结果。不相信制度人就会没有规则意识，办坏事没惩罚，办好事没激励，人会变好吗？笔者曾写过一篇文章叫《依法治国不能在禁与不禁间徘徊》。拿在这里想说明，即便是解决摩托车、电动车这种小问题也需要一整套系统工程。政府认同电动车销售，就意味着电动车是可以使用，可以上路的。毫无疑问，电动车应当走在自己的路上，而不是随意上机动车道。然而，很多地方没有自行车道、电动车道，显然，我们不能让这些人骑一会儿，再扛着车走一会儿。因此，第一，我们得首先确保有路，要科学设计、划定道路，让人有路可行，这是前提。第二，制度设计好了，如果有些骑摩托车、电动车的人有自己的路不走，就愿意走别人的路让别人无路可走，那么对这样的人要严厉处罚。有必要在广泛参与的基础上规范"摩电"，设计好这个惩罚的力度。第三，有的交警说，我们人员有限，查不了这么多摩托车、电动车。其实，法治的状态很难做到违法必究，但也不能搞一时歇一时，而是随机性执法，交警执行公务时看到了就罚，时间一长，人们就明白无论在哪儿，违反交通规则都有可能被抓。社会形成了这种违法就可能被抓的预期，违法事件就会大量减少了。第四，要给这些车辆发牌，发牌不是为了限制数量，而是便于追究责任，利用好电子眼也会形成有效的震慑。第五，还要借助好媒体宣传，还是那句话，办坏事的成本小、收益大就意味着是鼓励，因此遇到交通违规，我们的宣传不应该是对这个人的谴责，而是告知全体大众，这个人会受到什么样的惩罚，为未来不再发生此类事件做铺垫。以前看到过一篇报道，说四个司机，只有那个讲规则的司机在红灯路口停下来被大货车侧翻致死，这篇报道既缺乏社会责任感，也没有把事实的全部介绍出来，不能单讲那个守法的司机被压死。在这起没有遵守规则的事件中没有赢家，这才是全部的事实。中国正处于社会转型期，各种思想驳杂，媒体起码要把全部事实介绍出来，让人们明白法律不是没用的，进而为法治成为信仰奠定思想基础。第六，还要做好教育工作，既包括对成人的交通教育，也包括对儿童的交通教育，娃娃从现在抓起还来得及，如果他们都做到了遵守交通规则，对成年人也是一个触动。

再说回来，即便是治理"摩电"这样的小事，也需要从立法、执法、司法、守法、宣传、教育等各个环节共同努力，才能较为妥当地解决。但千万不要有畏难的情绪，系统工程中的各个环节也是相互促进的，比如设计好道路治理"摩电"，交通拥堵也会得到一定程度的缓解。解决了黄座必让的问题，老年人等车排队也会成为可能。孩子从小接受公民意识教育，社会责任感、法治意识也会更好，法治国家的推进也会更顺畅。

宪法是为了确保国家治理科学化、人权得到保障而设计的一整套科学的顶层制度设计。宪法思维就是以公平正义为目标，制定并遵循科学的制度，顾及人们的普遍情感，有所作为，是让社会变得更好的思维习惯和工作方式。

附：中华人民共和国宪法（2018 年最新修正版）

中华人民共和国宪法

（1982 年 12 月 4 日第五届全国人民代表大会第五次会议通过　1982 年 12 月 4 日全国人民代表大会公告公布施行

根据 1988 年 4 月 12 日第七届全国人民代表大会第一次会议通过的《中华人民共和国宪法修正案》、1993 年 3 月 29 日第八届全国人民代表大会第一次会议通过的《中华人民共和国宪法修正案》、1999 年 3 月 15 日第九届全国人民代表大会第二次会议通过的《中华人民共和国宪法修正案》、2004 年 3 月 14 日第十届全国人民代表大会第二次会议通过的《中华人民共和国宪法修正案》和 2018 年 3 月 11 日第十三届全国人民代表大会第一次会议通过的《中华人民共和国宪法修正案》修正）

目　录

序　言

中国是世界上历史最悠久的国家之一。中国各族人民共同创造了光辉灿烂的文化，具有光荣的革命传统。

一八四〇年以后，封建的中国逐渐变成半殖民地、半封建的国家。中国人民为国家独立、民族解放和民主自由进行了前仆后继的英勇奋斗。

二十世纪，中国发生了翻天覆地的伟大历史变革。

一九一一年孙中山先生领导的辛亥革命，废除了封建帝制，创立了中华民国。但是，中国人民反对帝国主义和封建主义的历史任务还没有完成。

一九四九年，以毛泽东主席为领袖的中国共产党领导中国各族人民，在经历了长期的艰难曲折的武装斗争和其他形式的斗争以后，终于推翻了帝国主义、封建主义和官僚资本主义的统治，取得了新民主主义革命的伟大胜利，建立了中华人民共和国。从此，中国人民掌握了国家的权力，成为国家的主人。

中华人民共和国成立以后，我国社会逐步实现了由新民主主义到社会主义的过渡。生产资料私有制的社会主义改造已经完成，人剥削人的制度已经消灭，社会主义制度已经确立。工人阶级领导的、以工农联盟为基础的人民民主专政，实质上即无产阶级专政，得到巩固和发展。中国人民和中国人民解放军战胜了帝国主义、霸权主义的侵略、破坏和武装挑衅，维护了国家的独立和安全，增强了国防。经济建设取得了重大的成就，独立的、比较完整的社会主义工业体系已经基本形成，农业生产显著提高。教育、科学、文化等事业有了很大的发展，社会主义思想教育取得了明显的成效。广大人民的生活有了较大的改善。

中国新民主主义革命的胜利和社会主义事业的成就，是中国共产党领导中国各族人民，在马克思列宁主义、毛泽东思想的指引下，坚持真理，修正错误，战胜许多艰难险阻而取得的。我国将长期处于社会主义初级阶段。国家的根本任务是，沿着中国特色社会主义道路，集中力量进行社会主义现代化建设。中国各族人民将继续在中国共产党领导下，在马克思列宁主义、毛泽东思想、邓小平理论、"三个代表"重要思想、科学发展观、习近平新时代中国特色社会主义思想指引下，坚持人民民主专政，坚持社会主义道路，坚持改革开放，不断完善社会主义的各项制度，发展社会主义市场经济，发展社会主义民主，健全社会主义法治，贯彻新发展理念，自力更生，艰苦奋斗，逐步实现工业、农业、国防和科学技术的现代化，推动物质文明、政治文明、精神文明、社会文明、生态文明协调发展，把我国建设成为富强民主文明和谐美丽的社会主义现代化强国，实现中华民族伟大复兴。

在我国，剥削阶级作为阶级已经消灭，但是阶级斗争还将在一定范围内长期存在。中国人民对敌视和破坏我国社会主义制度的国内外的敌对势力和敌对分子，必须进行斗争。

台湾是中华人民共和国的神圣领土的一部分。完成统一祖国的大业是包括台湾同胞在内的全中国人民的神圣职责。

社会主义的建设事业必须依靠工人、农民和知识分子，团结一切可以团结的力量。在长期的革命、建设、改革过程中，已经结成由中国共产党领导的，有各民主党派和各人民团体参加的，包括全体社会主义劳动者、社会主义事业的建设者、拥护社会主义的爱国者、拥护祖国统一和致力于中华民族伟大复兴的爱国者的广泛的爱国统一战线，这个统一战线将继续巩固和发展。中国人民政治协商会议是有广泛代表性的统一战线组织，过去发挥了重要的历史作用，今后在国家政治生活、社会生活和对外友好活动中，在进行社会主义现代化建设、维护国家的统一和团结的斗争中，将进一步发挥它的重要作用。中国共产党领导的多党合作和政治协商制度将长期存在和发展。

中华人民共和国是全国各族人民共同缔造的统一的多民族国家。平等团结互助和谐的社会主义民族关系已经确立，并将继续加强。在维护民族团结的斗争中，要反对大民族主义，主要是大汉族主义，也要反对地方民族主义。国家尽一切努力，促进全国各民族的共同繁荣。

中国革命、建设、改革的成就是同世界人民的支持分不开的。中国的前途是同世界的前途紧密地联系在一起的。中国坚持独立自主的对外政策，坚持互相尊重主权和领土完整、互不侵犯、互不干涉内政、平等互利、和平共处的五项原则，坚持和平发展道路，坚持互利共赢开放战略，发展同各国的外交关系和经济、文化交流，推动构建人类命运共同体；坚持反对帝国主义、霸权主义、殖民主义，加强同世界各国人民的团结，支持被压迫民族和发展中国家争取和维护民族独立、发展民族经济的正义斗争，为维护世界和平和促进人类进步事业而努力。

本宪法以法律的形式确认了中国各族人民奋斗的成果，规定了国家的根本制度和根本任务，是国家的根本法，具有最高的法律效力。全国各族人民、一切国家机关和武装力量、各政党和各社会团体、各企业事业组织，都必须以宪法为根本的活动准则，并且负有维护宪法尊严、保证宪法实施的职责。

第一章 总 纲

第一条 中华人民共和国是工人阶级领导的、以工农联盟为基础的人民民主专政的社会主义国家。

社会主义制度是中华人民共和国的根本制度。中国共产党领导是中国特色社会主义最本质的特征。禁止任何组织或者个人破坏社会主义制度。

第二条 中华人民共和国的一切权力属于人民。

人民行使国家权力的机关是全国人民代表大会和地方各级人民代表大会。

人民依照法律规定，通过各种途径和形式，管理国家事务，管理经济和文化事业，管理社会事务。

第三条 中华人民共和国的国家机构实行民主集中制的原则。

全国人民代表大会和地方各级人民代表大会都由民主选举产生，

对人民负责，受人民监督。

国家行政机关、监察机关、审判机关、检察机关都由人民代表大会产生，对它负责，受它监督。

中央和地方的国家机构职权的划分，遵循在中央的统一领导下，充分发挥地方的主动性、积极性的原则。

第四条 中华人民共和国各民族一律平等。国家保障各少数民族的合法的权利和利益，维护和发展各民族的平等团结互助和谐关系。禁止对任何民族的歧视和压迫，禁止破坏民族团结和制造民族分裂的行为。

国家根据各少数民族的特点和需要，帮助各少数民族地区加速经济和文化的发展。

各少数民族聚居的地方实行区域自治，设立自治机关，行使自治权。各民族自治地方都是中华人民共和国不可分离的部分。

各民族都有使用和发展自己的语言文字的自由，都有保持或者改革自己的风俗习惯的自由。

第五条 中华人民共和国实行依法治国，建设社会主义法治国家。

国家维护社会主义法制的统一和尊严。

一切法律、行政法规和地方性法规都不得同宪法相抵触。

一切国家机关和武装力量、各政党和各社会团体、各企业事业组织都必须遵守宪法和法律。一切违反宪法和法律的行为，必须予以追究。

任何组织或者个人都不得有超越宪法和法律的特权。

第六条　中华人民共和国的社会主义经济制度的基础是生产资料的社会主义公有制，即全民所有制和劳动群众集体所有制。社会主义公有制消灭人剥削人的制度，实行各尽所能、按劳分配的原则。

国家在社会主义初级阶段，坚持公有制为主体、多种所有制经济共同发展的基本经济制度，坚持按劳分配为主体、多种分配方式并存的分配制度。

第七条　国有经济，即社会主义全民所有制经济，是国民经济中的主导力量。国家保障国有经济的巩固和发展。

第八条　农村集体经济组织实行家庭承包经营为基础、统分结合的双层经营体制。农村中的生产、供销、信用、消费等各种形式的合作经济，是社会主义劳动群众集体所有制经济。参加农村集体经济组织的劳动者，有权在法律规定的范围内经营自留地、自留山、家庭副业和饲养自留畜。

城镇中的手工业、工业、建筑业、运输业、商业、服务业等行业的各种形式的合作经济，都是社会主义劳动群众集体所有制经济。

国家保护城乡集体经济组织的合法的权利和利益，鼓励、指导和帮助集体经济的发展。

第九条　矿藏、水流、森林、山岭、草原、荒地、滩涂等自然资源，都属于国家所有，即全民所有；由法律规定属于集体所有的森林和山岭、草原、荒地、滩涂除外。

国家保障自然资源的合理利用，保护珍贵的动物和植物。禁止任何组织或者个人用任何手段侵占或者破坏自然资源。

第十条　城市的土地属于国家所有。

农村和城市郊区的土地，除由法律规定属于国家所有的以外，属于集体所有；宅基地和自留地、自留山，也属于集体所有。

国家为了公共利益的需要，可以依照法律规定对土地实行征收或者征用并给予补偿。

任何组织或者个人不得侵占、买卖或者以其他形式非法转让土地。土地的使用权可以依照法律的规定转让。

一切使用土地的组织和个人必须合理地利用土地。

第十一条 在法律规定范围内的个体经济、私营经济等非公有制经济，是社会主义市场经济的重要组成部分。

国家保护个体经济、私营经济等非公有制经济的合法的权利和利益。国家鼓励、支持和引导非公有制经济的发展，并对非公有制经济依法实行监督和管理。

第十二条 社会主义的公共财产神圣不可侵犯。

国家保护社会主义的公共财产。禁止任何组织或者个人用任何手段侵占或者破坏国家的和集体的财产。

第十三条 公民的合法的私有财产不受侵犯。

国家依照法律规定保护公民的私有财产权和继承权。

国家为了公共利益的需要，可以依照法律规定对公民的私有财产实行征收或者征用并给予补偿。

第十四条 国家通过提高劳动者的积极性和技术水平，推广先进的科学技术，完善经济管理体制和企业经营管理制度，实行各种形式的社会主义责任制，改进劳动组织，以不断提高劳动生产率和经济效益，发展社会生产力。

国家厉行节约，反对浪费。

国家合理安排积累和消费，兼顾国家、集体和个人的利益，在发展生产的基础上，逐步改善人民的物质生活和文化生活。

国家建立健全同经济发展水平相适应的社会保障制度。

第十五条 国家实行社会主义市场经济。

国家加强经济立法，完善宏观调控。

国家依法禁止任何组织或者个人扰乱社会经济秩序。

第十六条 国有企业在法律规定的范围内有权自主经营。

国有企业依照法律规定，通过职工代表大会和其他形式，实行民主管理。

第十七条 集体经济组织在遵守有关法律的前提下，有独立进行经济活动的自主权。

集体经济组织实行民主管理，依照法律规定选举和罢免管理人员，决定经营管理的重大问题。

第十八条 中华人民共和国允许外国的企业和其他经济组织或者个人依照中华人民共和国法律的规定在中国投资，同中国的企业或者其他经济组织进行各种形式的经济合作。

在中国境内的外国企业和其他外国经济组织以及中外合资经营的企业，都必须遵守中华人民共和国的法律。它们的合法的权利和利益受中华人民共和国法律的保护。

第十九条 国家发展社会主义的教育事业，提高全国人民的科学文化水平。

国家举办各种学校，普及初等义务教育，发展中等教育、职业教育和高等教育，并且发展学前教育。

国家发展各种教育设施，扫除文盲，对工人、农民、国家工作人员和其他劳动者进行政治、文化、科学、技术、业务的教育，鼓励自学成才。

国家鼓励集体经济组织、国家企业事业组织和其他社会力量依照法律规定举办各种教育事业。

国家推广全国通用的普通话。

第二十条 国家发展自然科学和社会科学事业，普及科学和技术知识，奖励科学研究成果和技术发明创造。

第二十一条 国家发展医疗卫生事业，发展现代医药和我国传统医药，鼓励和支持农村集体经济组织、国家企业事业组织和街道组织举办各种医疗卫生设施，开展群众性的卫生活动，保护人民健康。

国家发展体育事业，开展群众性的体育活动，增强人民体质。

第二十二条 国家发展为人民服务、为社会主义服务的文学艺术事业、新闻广播电视事业、出版发行事业、图书馆博物馆文化馆和其他文化事业，开展群众性的文化活动。

国家保护名胜古迹、珍贵文物和其他重要历史文化遗产。

第二十三条 国家培养为社会主义服务的各种专业人才，扩大知识分子的队伍，创造条件，充分发挥他们在社会主义现代化建设中的作用。

第二十四条 国家通过普及理想教育、道德教育、文化教育、纪律和法制教育，通过在城乡不同范围的群众中制定和执行各种守则、公约，加强社会主义精神文明的建设。

国家倡导社会主义核心价值观，提倡爱祖国、爱人民、爱劳动、爱科学、爱社会主义的公德，在人民中进行爱国主义、集体主义和国际主义、共产主义的教育，进行辩证唯物主义和历史唯物主义的教育，反对资本主义的、封建主义的和其他的腐朽思想。

第二十五条 国家推行计划生育，使人口的增长同经济和社会发展计划相适应。

第二十六条 国家保护和改善生活环境和生态环境，防治污染和其他公害。

国家组织和鼓励植树造林，保护林木。

第二十七条 一切国家机关实行精简的原则，实行工作责任制，实行工作人员的培训和考核制度，不断提高工作质量和工作效率，反对官僚主义。

一切国家机关和国家工作人员必须依靠人民的支持，经常保持同人民的密切联系，倾听人民的意见和建议，接受人民的监督，努力为人民服务。

国家工作人员就职时应当依照法律规定公开进行宪法宣誓。

第二十八条 国家维护社会秩序，镇压叛国和其他危害国家安全的犯罪活动，制裁危害社会治安、破坏社会主义经济和其他犯罪的活动，惩办和改造犯罪分子。

第二十九条 中华人民共和国的武装力量属于人民。它的任务是巩固国防，抵抗侵略，保卫祖国，保卫人民的和平劳动，参加国家建设事业，努力为人民服务。

国家加强武装力量的革命化、现代化、正规化的建设，增强国防力量。

第三十条　中华人民共和国的行政区域划分如下：

（一）全国分为省、自治区、直辖市；

（二）省、自治区分为自治州、县、自治县、市；

（三）县、自治县分为乡、民族乡、镇。

直辖市和较大的市分为区、县。自治州分为县、自治县、市。

自治区、自治州、自治县都是民族自治地方。

第三十一条　国家在必要时得设立特别行政区。在特别行政区内实行的制度按照具体情况由全国人民代表大会以法律规定。

第三十二条　中华人民共和国保护在中国境内的外国人的合法权利和利益，在中国境内的外国人必须遵守中华人民共和国的法律。

中华人民共和国对于因为政治原因要求避难的外国人，可以给予受庇护的权利。

第二章　公民的基本权利和义务

第三十三条　凡具有中华人民共和国国籍的人都是中华人民共和国公民。

中华人民共和国公民在法律面前一律平等。

国家尊重和保障人权。

任何公民享有宪法和法律规定的权利，同时必须履行宪法和法律规定的义务。

第三十四条 中华人民共和国年满十八周岁的公民，不分民族、种族、性别、职业、家庭出身、宗教信仰、教育程度、财产状况、居住期限，都有选举权和被选举权；但是依照法律被剥夺政治权利的人除外。

第三十五条 中华人民共和国公民有言论、出版、集会、结社、游行、示威的自由。

第三十六条 中华人民共和国公民有宗教信仰自由。

任何国家机关、社会团体和个人不得强制公民信仰宗教或者不信仰宗教，不得歧视信仰宗教的公民和不信仰宗教的公民。

国家保护正常的宗教活动。任何人不得利用宗教进行破坏社会秩序、损害公民身体健康、妨碍国家教育制度的活动。

宗教团体和宗教事务不受外国势力的支配。

第三十七条 中华人民共和国公民的人身自由不受侵犯。

任何公民，非经人民检察院批准或者决定或者人民法院决定，并由公安机关执行，不受逮捕。

禁止非法拘禁和以其他方法非法剥夺或者限制公民的人身自由，禁止非法搜查公民的身体。

第三十八条 中华人民共和国公民的人格尊严不受侵犯。禁止用任何方法对公民进行侮辱、诽谤和诬告陷害。

第三十九条 中华人民共和国公民的住宅不受侵犯。禁止非法搜查或者非法侵入公民的住宅。

第四十条 中华人民共和国公民的通信自由和通信秘密受法律的保护。除因国家安全或者追查刑事犯罪的需要，由公安机关或者检察机关依照法律规定的程序对通信进行检查外，任何组织或者个人不得以任何理由侵犯公民的通信自由和通信秘密。

第四十一条　中华人民共和国公民对于任何国家机关和国家工作人员，有提出批评和建议的权利；对于任何国家机关和国家工作人员的违法失职行为，有向有关国家机关提出申诉、控告或者检举的权利，但是不得捏造或者歪曲事实进行诬告陷害。

对于公民的申诉、控告或者检举，有关国家机关必须查清事实，负责处理。任何人不得压制和打击报复。

由于国家机关和国家工作人员侵犯公民权利而受到损失的人，有依照法律规定取得赔偿的权利。

第四十二条　中华人民共和国公民有劳动的权利和义务。

国家通过各种途径，创造劳动就业条件，加强劳动保护，改善劳动条件，并在发展生产的基础上，提高劳动报酬和福利待遇。

劳动是一切有劳动能力的公民的光荣职责。国有企业和城乡集体经济组织的劳动者都应当以国家主人翁的态度对待自己的劳动。国家提倡社会主义劳动竞赛，奖励劳动模范和先进工作者。国家提倡公民从事义务劳动。

国家对就业前的公民进行必要的劳动就业训练。

第四十三条　中华人民共和国劳动者有休息的权利。

国家发展劳动者休息和休养的设施，规定职工的工作时间和休假制度。

第四十四条　国家依照法律规定实行企业事业组织的职工和国家机关工作人员的退休制度。退休人员的生活受到国家和社会的保障。

第四十五条 中华人民共和国公民在年老、疾病或者丧失劳动能力的情况下，有从国家和社会获得物质帮助的权利。国家发展为公民享受这些权利所需要的社会保险、社会救济和医疗卫生事业。

国家和社会保障残废军人的生活，抚恤烈士家属，优待军人家属。

国家和社会帮助安排盲、聋、哑和其他有残疾的公民的劳动、生活和教育。

第四十六条 中华人民共和国公民有受教育的权利和义务。

国家培养青年、少年、儿童在品德、智力、体质等方面全面发展。

第四十七条 中华人民共和国公民有进行科学研究、文学艺术创作和其他文化活动的自由。国家对于从事教育、科学、技术、文学、艺术和其他文化事业的公民的有益于人民的创造性工作，给以鼓励和帮助。

第四十八条 中华人民共和国妇女在政治的、经济的、文化的、社会的和家庭的生活等各方面享有同男子平等的权利。

国家保护妇女的权利和利益，实行男女同工同酬，培养和选拔妇女干部。

第四十九条 婚姻、家庭、母亲和儿童受国家的保护。

夫妻双方有实行计划生育的义务。

父母有抚养教育未成年子女的义务，成年子女有赡养扶助父母的义务。

禁止破坏婚姻自由，禁止虐待老人、妇女和儿童。

第五十条 中华人民共和国保护华侨的正当的权利和利益，保护归侨和侨眷的合法的权利和利益。

第五十一条 中华人民共和国公民在行使自由和权利的时候，不得损害国家的、社会的、集体的利益和其他公民的合法的自由和权利。

第五十二条 中华人民共和国公民有维护国家统一和全国各民族团结的义务。

第五十三条 中华人民共和国公民必须遵守宪法和法律，保守国家秘密，爱护公共财产，遵守劳动纪律，遵守公共秩序，尊重社会公德。

第五十四条 中华人民共和国公民有维护祖国的安全、荣誉和利益的义务，不得有危害祖国的安全、荣誉和利益的行为。

第五十五条 保卫祖国、抵抗侵略是中华人民共和国每一个公民的神圣职责。

依照法律服兵役和参加民兵组织是中华人民共和国公民的光荣义务。

第五十六条 中华人民共和国公民有依照法律纳税的义务。

第三章 国家机构

第一节 全国人民代表大会

第五十七条 中华人民共和国全国人民代表大会是最高国家权力

机关。它的常设机关是全国人民代表大会常务委员会。

　　第五十八条　全国人民代表大会和全国人民代表大会常务委员会行使国家立法权。

　　第五十九条　全国人民代表大会由省、自治区、直辖市、特别行政区和军队选出的代表组成。各少数民族都应当有适当名额的代表。

　　全国人民代表大会代表的选举由全国人民代表大会常务委员会主持。

　　全国人民代表大会代表名额和代表产生办法由法律规定。

　　第六十条　全国人民代表大会每届任期五年。

　　全国人民代表大会任期届满的两个月以前，全国人民代表大会常务委员会必须完成下届全国人民代表大会代表的选举。如果遇到不能进行选举的非常情况，由全国人民代表大会常务委员会以全体组成人员的三分之二以上的多数通过，可以推迟选举，延长本届全国人民代表大会的任期。在非常情况结束后一年内，必须完成下届全国人民代表大会代表的选举。

　　第六十一条　全国人民代表大会会议每年举行一次，由全国人民代表大会常务委员会召集。如果全国人民代表大会常务委员会认为必要，或者有五分之一以上的全国人民代表大会代表提议，可以临时召集全国人民代表大会会议。

　　全国人民代表大会举行会议的时候，选举主席团主持会议。

　　第六十二条　全国人民代表大会行使下列职权：

　　（一）修改宪法；

　　（二）监督宪法的实施；

（三）制定和修改刑事、民事、国家机构的和其他的基本法律；

（四）选举中华人民共和国主席、副主席；

（五）根据中华人民共和国主席的提名，决定国务院总理的人选；根据国务院总理的提名，决定国务院副总理、国务委员、各部部长、各委员会主任、审计长、秘书长的人选；

（六）选举中央军事委员会主席；根据中央军事委员会主席的提名，决定中央军事委员会其他组成人员的人选；

（七）选举国家监察委员会主任；

（八）选举最高人民法院院长；

（九）选举最高人民检察院检察长；

（十）审查和批准国民经济和社会发展计划和计划执行情况的报告；

（十一）审查和批准国家的预算和预算执行情况的报告；

（十二）改变或者撤销全国人民代表大会常务委员会不适当的决定；

（十三）批准省、自治区和直辖市的建置；

（十四）决定特别行政区的设立及其制度；

（十五）决定战争和和平的问题；

（十六）应当由最高国家权力机关行使的其他职权。

第六十三条 全国人民代表大会有权罢免下列人员：

（一）中华人民共和国主席、副主席；

（二）国务院总理、副总理、国务委员、各部部长、各委员会主任、审计长、秘书长；

（三）中央军事委员会主席和中央军事委员会其他组成人员；

（四）国家监察委员会主任；

（五）最高人民法院院长；

（六）最高人民检察院检察长。

第六十四条 宪法的修改，由全国人民代表大会常务委员会或者五分之一以上的全国人民代表大会代表提议，并由全国人民代表大会以全体代表的三分之二以上的多数通过。

法律和其他议案由全国人民代表大会以全体代表的过半数通过。

第六十五条 全国人民代表大会常务委员会由下列人员组成：

委员长，

副委员长若干人，

秘书长，

委员若干人。

全国人民代表大会常务委员会组成人员中，应当有适当名额的少数民族代表。

全国人民代表大会选举并有权罢免全国人民代表大会常务委员会的组成人员。

全国人民代表大会常务委员会的组成人员不得担任国家行政机关、监察机关、审判机关和检察机关的职务。

第六十六条 全国人民代表大会常务委员会每届任期同全国人民代表大会每届任期相同，它行使职权到下届全国人民代表大会选出新的常务委员会为止。

委员长、副委员长连续任职不得超过两届。

第六十七条　全国人民代表大会常务委员会行使下列职权：

（一）解释宪法，监督宪法的实施；

（二）制定和修改除应当由全国人民代表大会制定的法律以外的其他法律；

（三）在全国人民代表大会闭会期间，对全国人民代表大会制定的法律进行部分补充和修改，但是不得同该法律的基本原则相抵触；

（四）解释法律；

（五）在全国人民代表大会闭会期间，审查和批准国民经济和社会发展计划、国家预算在执行过程中所必须作的部分调整方案；

（六）监督国务院、中央军事委员会、国家监察委员会、最高人民法院和最高人民检察院的工作；

（七）撤销国务院制定的同宪法、法律相抵触的行政法规、决定和命令；

（八）撤销省、自治区、直辖市国家权力机关制定的同宪法、法律和行政法规相抵触的地方性法规和决议；

（九）在全国人民代表大会闭会期间，根据国务院总理的提名，决定部长、委员会主任、审计长、秘书长的人选；

（十）在全国人民代表大会闭会期间，根据中央军事委员会主席的提名，决定中央军事委员会其他组成人员的人选；

（十一）根据国家监察委员会主任的提请，任免国家监察委员会副主任、委员；

（十二）根据最高人民法院院长的提请，任免最高人民法院副院长、审判员、审判委员会委员和军事法院院长；

（十三）根据最高人民检察院检察长的提请，任免最高人民检察院副检察长、检察员、检察委员会委员和军事检察院检察长，并且批准省、自治区、直辖市的人民检察院检察长的任免；

（十四）决定驻外全权代表的任免；

（十五）决定同外国缔结的条约和重要协定的批准和废除；

（十六）规定军人和外交人员的衔级制度和其他专门衔级制度；

（十七）规定和决定授予国家的勋章和荣誉称号；

（十八）决定特赦；

（十九）在全国人民代表大会闭会期间，如果遇到国家遭受武装侵犯或者必须履行国际间共同防止侵略的条约的情况，决定战争状态的宣布；

（二十）决定全国总动员或者局部动员；

（二十一）决定全国或者个别省、自治区、直辖市进入紧急状态；

（二十二）全国人民代表大会授予的其他职权。

第六十八条 全国人民代表大会常务委员会委员长主持全国人民代表大会常务委员会的工作，召集全国人民代表大会常务委员会会议。副委员长、秘书长协助委员长工作。

委员长、副委员长、秘书长组成委员长会议，处理全国人民代表大会常务委员会的重要日常工作。

第六十九条 全国人民代表大会常务委员会对全国人民代表大会负责并报告工作。

第七十条 全国人民代表大会设立民族委员会、宪法和法律委员会、财政经济委员会、教育科学文化卫生委员会、外事委员会、华侨委员会和其他需要设立的专门委员会。在全国人民代表大会闭会期间，各专门委员会受全国人民代表大会常务委员会的领导。

各专门委员会在全国人民代表大会和全国人民代表大会常务委员会领导下，研究、审议和拟订有关议案。

第七十一条 全国人民代表大会和全国人民代表大会常务委员会认为必要的时候，可以组织关于特定问题的调查委员会，并且根据调查委员会的报告，作出相应的决议。

调查委员会进行调查的时候，一切有关的国家机关、社会团体和公民都有义务向它提供必要的材料。

第七十二条 全国人民代表大会代表和全国人民代表大会常务委员会组成人员，有权依照法律规定的程序分别提出属于全国人民代表大会和全国人民代表大会常务委员会职权范围内的议案。

第七十三条 全国人民代表大会代表在全国人民代表大会开会期间，全国人民代表大会常务委员会组成人员在常务委员会开会期间，有权依照法律规定的程序提出对国务院或者国务院各部、各委员会的质询案。受质询的机关必须负责答复。

第七十四条 全国人民代表大会代表，非经全国人民代表大会会议主席团许可，在全国人民代表大会闭会期间非经全国人民代表大会常务委员会许可，不受逮捕或者刑事审判。

第七十五条 全国人民代表大会代表在全国人民代表大会各种会议上的发言和表决，不受法律追究。

第七十六条 全国人民代表大会代表必须模范地遵守宪法和法律，保守国家秘密，并且在自己参加的生产、工作和社会活动中，协助宪法和法律的实施。

全国人民代表大会代表应当同原选举单位和人民保持密切的联系，听取和反映人民的意见和要求，努力为人民服务。

第七十七条 全国人民代表大会代表受原选举单位的监督。原选举单位有权依照法律规定的程序罢免本单位选出的代表。

第七十八条 全国人民代表大会和全国人民代表大会常务委员会的组织和工作程序由法律规定。

第二节 中华人民共和国主席

第七十九条 中华人民共和国主席、副主席由全国人民代表大会选举。

有选举权和被选举权的年满四十五周岁的中华人民共和国公民可以被选为中华人民共和国主席、副主席。

中华人民共和国主席、副主席每届任期同全国人民代表大会每届任期相同。

第八十条 中华人民共和国主席根据全国人民代表大会的决定和全国人民代表大会常务委员会的决定，公布法律，任免国务院总理、副总理、国务委员、各部部长、各委员会主任、审计长、秘书长，授予国家的勋章和荣誉称号，发布特赦令，宣布进入紧急状态，宣布战争状态，发布动员令。

第八十一条 中华人民共和国主席代表中华人民共和国，进行国事活动，接受外国使节；根据全国人民代表大会常务委员会的决定，派遣和召回驻外全权代表，批准和废除同外国缔结的条约和重要协定。

第八十二条 中华人民共和国副主席协助主席工作。

中华人民共和国副主席受主席的委托，可以代行主席的部分职权。

第八十三条 中华人民共和国主席、副主席行使职权到下届全国人民代表大会选出的主席、副主席就职为止。

第八十四条 中华人民共和国主席缺位的时候，由副主席继任主席的职位。

中华人民共和国副主席缺位的时候，由全国人民代表大会补选。

中华人民共和国主席、副主席都缺位的时候，由全国人民代表大会补选；在补选以前，由全国人民代表大会常务委员会委员长暂时代理主席职位。

第三节　国务院

第八十五条 中华人民共和国国务院，即中央人民政府，是最高国家权力机关的执行机关，是最高国家行政机关。

第八十六条 国务院由下列人员组成：

总理，

副总理若干人，

国务委员若干人，

各部部长，

各委员会主任，

审计长，

秘书长。

国务院实行总理负责制。各部、各委员会实行部长、主任负责制。

国务院的组织由法律规定。

第八十七条 国务院每届任期同全国人民代表大会每届任期相同。

总理、副总理、国务委员连续任职不得超过两届。

第八十八条 总理领导国务院的工作。副总理、国务委员协助总理工作。

总理、副总理、国务委员、秘书长组成国务院常务会议。

总理召集和主持国务院常务会议和国务院全体会议。

第八十九条 国务院行使下列职权：

（一）根据宪法和法律，规定行政措施，制定行政法规，发布决定和命令；

（二）向全国人民代表大会或者全国人民代表大会常务委员会提出议案；

（三）规定各部和各委员会的任务和职责，统一领导各部和各委员会的工作，并且领导不属于各部和各委员会的全国性的行政工作；

（四）统一领导全国地方各级国家行政机关的工作，规定中央和省、自治区、直辖市的国家行政机关的职权的具体划分；

（五）编制和执行国民经济和社会发展计划和国家预算；

（六）领导和管理经济工作和城乡建设、生态文明建设；

（七）领导和管理教育、科学、文化、卫生、体育和计划生育工作；

（八）领导和管理民政、公安、司法行政等工作；

（九）管理对外事务，同外国缔结条约和协定；

（十）领导和管理国防建设事业；

（十一）领导和管理民族事务，保障少数民族的平等权利和民族自治地方的自治权利；

（十二）保护华侨的正当的权利和利益，保护归侨和侨眷的合法的权利和利益；

（十三）改变或者撤销各部、各委员会发布的不适当的命令、指示和规章；

（十四）改变或者撤销地方各级国家行政机关的不适当的决定和命令；

（十五）批准省、自治区、直辖市的区域划分，批准自治州、县、自治县、市的建置和区域划分；

（十六）依照法律规定决定省、自治区、直辖市的范围内部分地区进入紧急状态；

（十七）审定行政机构的编制，依照法律规定任免、培训、考核和奖惩行政人员；

（十八）全国人民代表大会和全国人民代表大会常务委员会授予的其他职权。

第九十条 国务院各部部长、各委员会主任负责本部门的工作；召集和主持部务会议或者委员会会议、委务会议，讨论决定本部门工作的重大问题。

各部、各委员会根据法律和国务院的行政法规、决定、命令，在本部门的权限内，发布命令、指示和规章。

第九十一条 国务院设立审计机关，对国务院各部门和地方各级政府的财政收支，对国家的财政金融机构和企业事业组织的财务收支，进行审计监督。

审计机关在国务院总理领导下，依照法律规定独立行使审计监督权，不受其他行政机关、社会团体和个人的干涉。

第九十二条 国务院对全国人民代表大会负责并报告工作；在全国人民代表大会闭会期间，对全国人民代表大会常务委员会负责并报告工作。

第四节　中央军事委员会

第九十三条 中华人民共和国中央军事委员会领导全国武装力量。

中央军事委员会由下列人员组成：

主席，

副主席若干人，

委员若干人。

中央军事委员会实行主席负责制。

中央军事委员会每届任期同全国人民代表大会每届任期相同。

第九十四条 中央军事委员会主席对全国人民代表大会和全国人民代表大会常务委员会负责。

第五节 地方各级人民代表大会和地方各级人民政府

第九十五条 省、直辖市、县、市、市辖区、乡、民族乡、镇设立人民代表大会和人民政府。

地方各级人民代表大会和地方各级人民政府的组织由法律规定。

自治区、自治州、自治县设立自治机关。自治机关的组织和工作根据宪法第三章第五节、第六节规定的基本原则由法律规定。

第九十六条 地方各级人民代表大会是地方国家权力机关。

县级以上的地方各级人民代表大会设立常务委员会。

第九十七条 省、直辖市、设区的市的人民代表大会代表由下一级的人民代表大会选举；县、不设区的市、市辖区、乡、民族乡、镇的人民代表大会代表由选民直接选举。

地方各级人民代表大会代表名额和代表产生办法由法律规定。

第九十八条 地方各级人民代表大会每届任期五年。

第九十九条 地方各级人民代表大会在本行政区域内，保证宪法、法律、行政法规的遵守和执行；依照法律规定的权限，通过和发布决议，审查和决定地方的经济建设、文化建设和公共事业建设的计划。

县级以上的地方各级人民代表大会审查和批准本行政区域内的国民经济和社会发展计划、预算以及它们的执行情况的报告；有权改变或者撤销本级人民代表大会常务委员会不适当的决定。

民族乡的人民代表大会可以依照法律规定的权限采取适合民族特点的具体措施。

第一百条 省、直辖市的人民代表大会和它们的常务委员会，在不同宪法、法律、行政法规相抵触的前提下，可以制定地方性法规，报全国人民代表大会常务委员会备案。

设区的市的人民代表大会和它们的常务委员会，在不同宪法、法律、行政法规和本省、自治区的地方性法规相抵触的前提下，可以依照法律规定制定地方性法规，报本省、自治区人民代表大会常务委员会批准后施行。

第一百零一条 地方各级人民代表大会分别选举并且有权罢免本级人民政府的省长和副省长、市长和副市长、县长和副县长、区长和副区长、乡长和副乡长、镇长和副镇长。

县级以上的地方各级人民代表大会选举并且有权罢免本级监察委员会主任、本级人民法院院长和本级人民检察院检察长。选出或者罢免人民检察院检察长，须报上级人民检察院检察长提请该级人民代表大会常务委员会批准。

第一百零二条 省、直辖市、设区的市的人民代表大会代表受原选举单位的监督；县、不设区的市、市辖区、乡、民族乡、镇的人民代表大会代表受选民的监督。

地方各级人民代表大会代表的选举单位和选民有权依照法律规定的程序罢免由他们选出的代表。

第一百零三条 县级以上的地方各级人民代表大会常务委员会由主任、副主任若干人和委员若干人组成，对本级人民代表大会负责并报告工作。

县级以上的地方各级人民代表大会选举并有权罢免本级人民代表

大会常务委员会的组成人员。

县级以上的地方各级人民代表大会常务委员会的组成人员不得担任国家行政机关、监察机关、审判机关和检察机关的职务。

第一百零四条 县级以上的地方各级人民代表大会常务委员会讨论、决定本行政区域内各方面工作的重大事项；监督本级人民政府、监察委员会、人民法院和人民检察院的工作；撤销本级人民政府的不适当的决定和命令；撤销下一级人民代表大会的不适当的决议；依照法律规定的权限决定国家机关工作人员的任免；在本级人民代表大会闭会期间，罢免和补选上一级人民代表大会的个别代表。

第一百零五条 地方各级人民政府是地方各级国家权力机关的执行机关，是地方各级国家行政机关。

地方各级人民政府实行省长、市长、县长、区长、乡长、镇长负责制。

第一百零六条 地方各级人民政府每届任期同本级人民代表大会每届任期相同。

第一百零七条 县级以上地方各级人民政府依照法律规定的权限，管理本行政区域内的经济、教育、科学、文化、卫生、体育事业、城乡建设事业和财政、民政、公安、民族事务、司法行政、计划生育等行政工作，发布决定和命令，任免、培训、考核和奖惩行政工作人员。

乡、民族乡、镇的人民政府执行本级人民代表大会的决议和上级国家行政机关的决定和命令，管理本行政区域内的行政工作。

省、直辖市的人民政府决定乡、民族乡、镇的建置和区域划分。

第一百零八条 县级以上的地方各级人民政府领导所属各工作部门和下级人民政府的工作，有权改变或者撤销所属各工作部门和下级人民政府的不适当的决定。

第一百零九条 县级以上的地方各级人民政府设立审计机关。地方各级审计机关依照法律规定独立行使审计监督权，对本级人民政府和上一级审计机关负责。

第一百一十条 地方各级人民政府对本级人民代表大会负责并报告工作。县级以上的地方各级人民政府在本级人民代表大会闭会期间，对本级人民代表大会常务委员会负责并报告工作。

地方各级人民政府对上一级国家行政机关负责并报告工作。全国地方各级人民政府都是国务院统一领导下的国家行政机关，都服从国务院。

第一百一十一条 城市和农村按居民居住地区设立的居民委员会或者村民委员会是基层群众性自治组织。居民委员会、村民委员会的主任、副主任和委员由居民选举。居民委员会、村民委员会同基层政权的相互关系由法律规定。

居民委员会、村民委员会设人民调解、治安保卫、公共卫生等委员会，办理本居住地区的公共事务和公益事业，调解民间纠纷，协助维护社会治安，并且向人民政府反映群众的意见、要求和提出建议。

第六节 民族自治地方的自治机关

第一百一十二条 民族自治地方的自治机关是自治区、自治州、自治县的人民代表大会和人民政府。

第一百一十三条 自治区、自治州、自治县的人民代表大会中，除实行区域自治的民族的代表外，其他居住在本行政区域内的民族也应当有适当名额的代表。

自治区、自治州、自治县的人民代表大会常务委员会中应当有实行区域自治的民族的公民担任主任或者副主任。

第一百一十四条 自治区主席、自治州州长、自治县县长由实行区域自治的民族的公民担任。

第一百一十五条 自治区、自治州、自治县的自治机关行使宪法第三章第五节规定的地方国家机关的职权，同时依照宪法、民族区域自治法和其他法律规定的权限行使自治权，根据本地方实际情况贯彻执行国家的法律、政策。

第一百一十六条 民族自治地方的人民代表大会有权依照当地民族的政治、经济和文化的特点，制定自治条例和单行条例。自治区的自治条例和单行条例，报全国人民代表大会常务委员会批准后生效。自治州、自治县的自治条例和单行条例，报省或者自治区的人民代表大会常务委员会批准后生效，并报全国人民代表大会常务委员会备案。

第一百一十七条 民族自治地方的自治机关有管理地方财政的自治权。凡是依照国家财政体制属于民族自治地方的财政收入，都应当由民族自治地方的自治机关自主地安排使用。

第一百一十八条 民族自治地方的自治机关在国家计划的指导下，自主地安排和管理地方性的经济建设事业。

国家在民族自治地方开发资源、建设企业的时候，应当照顾民族自治地方的利益。

第一百一十九条 民族自治地方的自治机关自主地管理本地方的教育、科学、文化、卫生、体育事业，保护和整理民族的文化遗产，发展和繁荣民族文化。

第一百二十条 民族自治地方的自治机关依照国家的军事制度和当地的实际需要，经国务院批准，可以组织本地方维护社会治安的公安部队。

第一百二十一条 民族自治地方的自治机关在执行职务的时候，依照本民族自治地方自治条例的规定，使用当地通用的一种或者几种语言文字。

第一百二十二条 国家从财政、物资、技术等方面帮助各少数民族加速发展经济建设和文化建设事业。

国家帮助民族自治地方从当地民族中大量培养各级干部、各种专业人才和技术工人。

第七节 监察委员会

第一百二十三条 中华人民共和国各级监察委员会是国家的监察机关。

第一百二十四条 中华人民共和国设立国家监察委员会和地方各级监察委员会。

监察委员会由下列人员组成：

主任，

副主任若干人，

委员若干人。

监察委员会主任每届任期同本级人民代表大会每届任期相同。国家监察委员会主任连续任职不得超过两届。

监察委员会的组织和职权由法律规定。

第一百二十五条 中华人民共和国国家监察委员会是最高监察机关。

国家监察委员会领导地方各级监察委员会的工作，上级监察委员会领导下级监察委员会的工作。

第一百二十六条 国家监察委员会对全国人民代表大会和全国人民代表大会常务委员会负责。地方各级监察委员会对产生它的国家权力机关和上一级监察委员会负责。

第一百二十七条 监察委员会依照法律规定独立行使监察权，不受行政机关、社会团体和个人的干涉。

监察机关办理职务违法和职务犯罪案件，应当与审判机关、检察机关、执法部门互相配合，互相制约。

第八节　人民法院和人民检察院

第一百二十八条 中华人民共和国人民法院是国家的审判机关。

第一百二十九条 中华人民共和国设立最高人民法院、地方各级人民法院和军事法院等专门人民法院。

最高人民法院院长每届任期同全国人民代表大会每届任期相同，连续任职不得超过两届。

人民法院的组织由法律规定。

第一百三十条　人民法院审理案件，除法律规定的特别情况外，一律公开进行。被告人有权获得辩护。

第一百三十一条　人民法院依照法律规定独立行使审判权，不受行政机关、社会团体和个人的干涉。

第一百三十二条　最高人民法院是最高审判机关。

最高人民法院监督地方各级人民法院和专门人民法院的审判工作，上级人民法院监督下级人民法院的审判工作。

第一百三十三条　最高人民法院对全国人民代表大会和全国人民代表大会常务委员会负责。地方各级人民法院对产生它的国家权力机关负责。

第一百三十四条　中华人民共和国人民检察院是国家的法律监督机关。

第一百三十五条　中华人民共和国设立最高人民检察院、地方各级人民检察院和军事检察院等专门人民检察院。

最高人民检察院检察长每届任期同全国人民代表大会每届任期相同，连续任职不得超过两届。

人民检察院的组织由法律规定。

第一百三十六条　人民检察院依照法律规定独立行使检察权，不受行政机关、社会团体和个人的干涉。

第一百三十七条　最高人民检察院是最高检察机关。

最高人民检察院领导地方各级人民检察院和专门人民检察院的工作，上级人民检察院领导下级人民检察院的工作。

第一百三十八条　最高人民检察院对全国人民代表大会和全国人

民代表大会常务委员会负责。地方各级人民检察院对产生它的国家权力机关和上级人民检察院负责。

第一百三十九条 各民族公民都有用本民族语言文字进行诉讼的权利。人民法院和人民检察院对于不通晓当地通用的语言文字的诉讼参与人，应当为他们翻译。

在少数民族聚居或者多民族共同居住的地区，应当用当地通用的语言进行审理；起诉书、判决书、布告和其他文书应当根据实际需要使用当地通用的一种或者几种文字。

第一百四十条 人民法院、人民检察院和公安机关办理刑事案件，应当分工负责，互相配合，互相制约，以保证准确有效地执行法律。

第四章　国旗、国歌、国徽、首都

第一百四十一条 中华人民共和国国旗是五星红旗。

中华人民共和国国歌是《义勇军进行曲》。

第一百四十二条 中华人民共和国国徽，中间是五星照耀下的天安门，周围是谷穗和齿轮。

第一百四十三条 中华人民共和国首都是北京。

责任编辑：张　立
封面设计：周方亚
责任校对：白　玥

图书在版编目（CIP）数据

宪法思维与法治素养 / 李勇，胡业勋 著 . —北京：人民出版社，2019.6
（2021.3 重印）
ISBN 978 - 7 - 01 - 020497 - 0

I.①宪… Ⅱ.①李…②胡… Ⅲ.①宪法 - 研究 - 中国 Ⅳ.① D921.04

中国版本图书馆 CIP 数据核字（2019）第 040444 号

宪法思维与法治素养

XIANFA SIWEI YU FAZHI SUYANG

李　勇　胡业勋　著

人民出版社 出版发行
（100706　北京市东城区隆福寺街 99 号）

天津文林印务有限公司印刷　新华书店经销

2019 年 6 月第 1 版　2021 年 3 月北京第 2 次印刷
开本：710 毫米 ×1000 毫米 1/16　印张：12.25
字数：140 千字　印数：3,001—5,000 册

ISBN 978 - 7 - 01 - 020497 - 0　定价：49.00 元

邮购地址 100706　北京市东城区隆福寺街 99 号
人民东方图书销售中心　电话（010）65250042　65289539